AF436487

ELEMENTOS PARA UNA TEORÍA DE LA MINIFICCIÓN

Nana Rodríguez Romero

COLIBRI EDICIONES

Diseño de portada : Jaime Rodríguez Romero.
Edición: Nana Rodríguez Romero
ISBN: 9798729063727
Colibrí ediciones.
Tercera edición : Abril de 2021
USA.

En el árbol del sentido

duerme la brevedad de la semilla

Introducción a la primera edición

Desde el arte rupestre de Altamira, el hombre ha buscado en la expresión una forma de comunicación, de exorcismo o realización mediante el rito, la magia y el arte. Se podría decir que la síntesis que conforman estos dibujos es la primera manifestación narrativa: la cacería del bisonte. Estas primitivas formas narrativas, han florecido a través de la historia como un testimonio de la evolución del pensamiento del hombre y, su forma de conocer el mundo.

La historia del cuento no se puede fechar; sus formas han variado desde las parábolas y las alegorías de La Biblia, pasando por la fábula, los apólogos, los aforismos, hasta los relatos breves de las literaturas orientales. Con el inicio de la modernidad el desarrollo del cuento breve ha tomado un auge vertiginoso a partir de artífices como Poe, Kafka, Chejov, Lewis Carroll, Chesterton, Carlyle y otros, hasta los grandes autores contemporáneos como Cortázar, Borges, Monterroso, Arreola y, un sinnúmero de cuentistas que cultivan este género.

Uno de los propósitos del presente estudio es definir el minicuento o relato breve como género, ya que hasta el momento no se ha escrito una teoría consistente y sistemática sobre el tema, aparte de breves introducciones a las antologías que se han publicado en nuestro país, (ver antologías del cuento corto latinoamericano, colombiano y vallecaucano) además de la antología de relatos norteamericanos preparada por Robert Shapard en Ficción súbita. Para ello haremos una reseña analítica de la evolución del relato breve desde la prehistoria hasta el cuento contemporáneo, para demostrar que éste es un género narrativo que ha existido desde los albores de la literatura y, que se ha desarrollado plenamente a partir de este siglo especialmente como un producto del posmodernismo. Para elaborar una teoría genérica es pertinente tomar las teorías que se han construido por parte de escritores y especialistas acerca de la creación poética y estructura del cuento corto, seguido de algunas consideraciones que sustentarán la definición del género, a partir de la constitución, historia, evolución, definición y competencia de los géneros literarios. Para constituir un perfil teórico del minicuento, nos detendremos en la "epifanía como fenómeno narrativo que caracteriza el relato breve contemporáneo, desarrollado por Lida Aronne.

Con el fin de analizar los componentes y constantes del minicuento, como la ironía, el humor, el símbolo, lo fantástico, lo filosófico, lo poético, etc., tomaremos un amplio corpus de textos de autores universales, latinoamericanos y colombianos, enfatizando en Borges, Cortázar, Arreola y Monterroso, considerados maestros del género; de igual manera reseñaremos otras formas del relato breve que colindan con éste por su extensión y densidad sémica.

En el último capítulo desarrollaremos un análisis semiótico centrado en la síntesis narrativa, sobre algunos aspectos como la sintaxis, la focalización y la competencia narrativa del minicuento a partir de teorías de semiólogos como Greimas, Todorov y Genette. Finalmente, en el epílogo, se hará una síntesis que permita definirlo como género. Aparte del análisis teórico, el lector podrá encontrar una extensa antología del género, extractada de la historia de la literatura. Esta selección se hizo con un criterio analítico y hedonista por parte de la autora.

Introducción a la segunda edición

Después de una década de haber editado en 1995 por primera vez este estudio, -en condiciones un poco restringidas en cuanto a la disponibilidad en el escenario internacional de información y bibliografía correspondientes-, dada la respuesta favorable por parte de los lectores y la crítica, el balance que se puede hacer es que los Elementos para una teoría del minicuento, ha sido un valioso aporte para la academia, los investigadores y los escritores, interesados por este género en los contextos nacional e internacional. En esta segunda edición aumentada y actualizada, los lectores podrán encontrar una expansión respecto de la definición del género a partir de teorías de investigadores que como Lauro Zavala, Raúl Brasca, Dolores Koch, Violeta Rojo, Edmundo Valadés, entre muchos otros, han continuado aportando al género y le han conferido denominación variada con términos como minicuento, minificción, microcuento, o cuento corto.

Un segundo aspecto está relacionado con las características de la minificción en cuanto a la época y contexto en que se produce: la posmodernidad. Para ello, se referencia a investigadores y cultores del género como la investigadora Francisca Noguerol, quien define algunos rasgos: escepticismo radical, textos ex-céntricos, golpe al principio de unidad, "obras abiertas", virtuosismo intertextual, recurso frecuente al humor y la ironía. A Lauro Zavala, quien anota seis propuestas para la minificción: Brevedad, Diversidad, Complicidad, Fractalidad, fugacidad y virtualidad; también a Violeta Rojo, por su libro Breve manual para reconocer minicuentos. Al final de la presente edición, se podrá encontrar una completa bibliografía recopilada por Lauro Zavala, sobre estudios y antologías editadas en Colombia, México, España, Argentina, estados Unidos, Inglaterra, Venezuela. Con estos aportes, esperamos ampliar y hacer circular los últimos estudios y teorías respecto de la minificción para beneficio de los cultores del género y en general para el público interesado.

Nana Rodríguez
Tunja, abril 2006

Introducción a la tercera edición

Para esta tercera edición, se han introducido algunos cambios mínimos. En su parte conceptual, se ha reemplazado a lo largo del texto el término Minicuento por el de Minificción, en virtud de los acuerdos entre especialistas e investigadores del género a este respecto; sin embargo, dada la naturaleza cambiante por ahora de esta denominación, es posible que esta pueda tener carácter transitorio. En cuanto a la parte formal, con objeto de facilitar la lectura se ha acudido a la utilización de tipos de letra diferenciados, según se trate del estudio en sí o de los ejemplos ilustrativos; finalmente, con propósitos de facilitar la búsqueda de información,   se ha introducido un índice alfabético amplio en sus alcances, toda vez que incluye los títulos de las microficciones ilustrativas, así como la terminología propia del género.

Nana Rodríguez
Tunja, 2021

Nana Rodríguez Romero

Es Poeta y narradora. Profesora e investigadora de la escuela de Filosofía y Humanidades de la Universidad Pedagógica y Tecnológica de Colombia. Sus minificciones y poemas han sido publicados en diversas antologías de carácter nacional e internacional, en países como Argentina, México, España y Chile. *Premio de poesía CEAB (1997).* Becaria del ministerio de Cultura en el *programa Residencias artísticas en el exterior* (2002). Ganadora del *Premio Nacional de poesía Ciro Mendía,* 2008.

Entre sus obras de poesía y minificción publicadas están: *Elementos para una teoría del minicuento (1996), Permanencias (1998), Hojas en mutación, Lucha con el ángel (2000), El sabor del tiempo (2000), La casa ciega y otras ficciones (2002), El bosque de los espejos (2002), Efecto mariposa (2004), El oro de Dionisios (2005), La piel de los teclados (2009), Vendimias del desierto (2012), Juanantonio (2013), El orden de otros días (2016), La cometa infinita (2017), El astrolabio, antología personal de minificción (2018), Confabulación (2020), Los Elementos (2019).*

Contenido

TRADICIÓN HISTÓRICA DEL RELATO BREVE

1. Prehistoria del relato breve.

La mayoría de los pueblos y culturas han sentido el atractivo de la narración de historias y acontecimientos. El hombre ha buscado en la expresión una forma de comunicación, de exorcismo o realización mediante el rito, la magia y el arte. Se podría decir que desde el arte rupestre de Altamira, el hombre primitivo quiso narrar por medio del dibujo un hecho: la cacería del bisonte.

Esta expresión sintética, precursora del lenguaje primitivo, como texto virtual para una lectura semiótica, es quizá uno de los primeros registros narrativos, junto con el descubrimiento del fuego, que abrió un mundo de posibilidades y apertura hacia la imaginación y el reino de los mitos, a partir de los cuales podemos empezar este viaje por la historia del relato, en sus formas más breves.

El hombre asombrado e inquieto por los fenómenos naturales, trató de encontrarles una explicación, creando seres o figuras abstractas, que representaran estos fenómenos. De esta forma nacieron los mitos y las leyendas; la adoración por el sol, la luna, las estrellas, los animales, el arco iris, el agua, el fuego, etc. Así como las civilizaciones griega, hebrea y latina desarrollaron sus mitos a través de la literatura, de igual forma las culturas azteca, maya, chibcha, inca, pielroja, etc., crearon sus dioses, diferentes a los griegos y romanos, pero manteniendo una belleza poética y simbólica a través del tiempo.

Un ejemplo de relato breve en el mito precolombino es el siguiente:

Primero estaba el mar. Todo estaba oscuro; no había sol ni luna ni gente ni animales ni plantas. El mar estaba en todas partes. El mar era la madre. La madre no era gente ni nada ni cosa alguna. Ella era espíritu de lo que iba a venir, y ella era pensamiento y memoria.

Mitología Kogui (Arango Cano, Jesús, Mitología en América Precolombina, 1989)

Como se puede observar, este relato es fiel a la narración original de los Kogui. El lenguaje es sin adornos; la metáfora y el símbolo se centran en "la madre" y el mar, correspondiendo a la síntesis narrativa. Otra forma en la que se encuentra el mito como relato breve es la re-creación literaria que han hecho muchos escritores; uno de los más conocidos y afortunados en esta técnica es Eduardo Galeano:

Los Colores

Eran blancas las plumas de los pájaros y blanca la piel de los animales.

Azules son, ahora, los que se bañaron en un lago donde no desembocaba ningún río, ni ningún río nacía. Rojos, los que se sumergieron en el lago de la sangre derramada por un niño de la tribu Kadieu. Tienen el color de la tierra los que se revolcaron en el barro, y el de la ceniza los que buscaron calor en los fogones apagados, verdes son los que se frotaron sus cuerpos en el follaje y blancos los que se quedaron quietos.

Eduardo Galeano (De León, Gilberto, Cuentistas hispanoamericanos en la Sorbona, 1992:202)

Es difícil determinar una fecha en la historia del cuento, sin embargo parece que el narrar está presente en la historia de todos los pueblos. En su origen estas narraciones fueron orales y se transmitieron de generación en generación, posteriormente con la aparición de la escritura y de cierta madurez intelectual, se hicieron manuscritos o simplemente estas narraciones continuaron perviviendo a través de la tradición oral, siendo recogidas hoy por los folcloristas.

El cuento se ha difundido a través del espacio como una forma viva, de una comunidad a otra, estableciendo variaciones y adaptaciones que transforman y enmascaran su forma original, como ha sucedido en numerosas obras de la literatura antigua y medieval. Por ejemplo, en un episodio del *Mahabharata*, encontró Menéndez Pidal, el punto de partida del asunto de *El condenado por desconfiado* (Alcina Franch, 1973: 10).

2. El cuento oriental y europeo hasta la Edad Media.

2.1 La Cuentística Hindú.

Aunque los movimientos del cuento se han dado entre oriente y occidente, los historiadores y arqueólogos de la literatura afirman que el seno más antiguo de la cuentística se halla en la India. Es conocida la literatura indostánica por sus cuentos, que preludiaron las fábulas de Esopo. La colección más antigua se encuentra en los libros sagrados de los Vedas, donde se mezcla el verso y la prosa. Las obras en sánscrito conservan un extenso patrimonio popular en el que se hallan cuentos, relatos, chistes de tono profano, etc. Los términos sánscritos más frecuentemente usados para referirse a este tipo de narraciones son "akhiaiaka" (historieta, relato breve) (Prampolini, 1940: 420). Las narraciones fabulísticas de la India son un punto de partida para el desarrollo y origen del cuento breve difundido posteriormente entre los persas, árabes y hebreos, llegando a la Europa medieval, extendiéndose a través de versiones castellanas y latinas por la literatura occidental.

La India ofrece una rica y variada colección de fabularios escritos en prosa, a veces interrumpida por versos de carácter sentencioso que exponen la moraleja de los breves relatos, por lo común engarzados en un asunto general o trama más o menos tenue que constituye el nexo de unidad que individualiza a las colecciones. (De Riquer,

Valverde, 1985: 18). Una de las particularidades del relato indio es la preponderancia de lo humano universal, en oposición a lo concreto de la historia. Su fantasía le lleva a crear historietas del mundo circundante o del mundo fantástico en los que plantea problemas de carácter moral y práctico. El más antiguo de los grandes fabularios indios, y uno de los más importantes es el Panchatantra, cuyas redacciones primitivas se fechan entre los siglos II y VI a.C. Dentro de la literatura budista, encontramos los jatakas, especie de proverbios y parábolas, donde se evidencia el gusto por la sabiduría y la enseñanza. El cuento fue el mejor vehículo del transmisión del conocimiento. Tienen especial significado los relatos de animales, donde el símbolo y la metáfora tienen una función semiótica y estética predominante.

Del *Panchatantra*, un cuento cuya redacción actual se hizo hacia el siglo VId.C., se atribuye a Visnuzarma.

Libro I - Cuento X:

En cierta región de un bosque vivía un chacal llamado Chandarava que, hambriento un día, y deseoso de saciar el hambre, se entró en una ciudad.

Los perros que le vieron le rodearon por todas partes ladrando, y empezaron a morderle con sus agudos dientes. Mordido por ellos, y temiendo por su vida, se entró el chacal en la próxima casa de un tintorero, donde había una gran caldera, y cuando salió de ella quedó todo teñido de añil. Los perros no reconocieron en él al chacal, se marcharon cada uno por su parte. Mas Chandarava, enderezando sus pasos hacia lejana región penetró en un bosque, sin que le desapareciera jamás el color añil. Pues se ha dicho.

(Prampolini, Historia mundial de la literatura, 1940: 999)

2.2 La Cuentística China.

La literatura china se ha desarrollado más que cualquiera otra de una forma independiente, cerrada por un riguroso respeto por la tradición. Igual que la literatura hindú y hebrea, la china conserva sus antiguas narraciones anónimas escritas en verso y prosa; relatos cuyo eje son los temas cosmogónicos y teogónicos. El periodo de la dinastía "Chou" (122 a 221 a.C.), es rico en documentos literarios, aún en su parte más antigua le pertenece en primer lugar al enigmático *I-Ching* o

Libro de las Mutaciones, verdadero monumento del pensamiento chino. Es una obra oracular, simbólica y altamente poética, cuyos textos más antiguos tomaron su forma presente en el siglo anterior a Confucio; las imágenes que constituyen la obra proceden según los especialistas de la mitología entonces vigente, otras de la poesía de ese periodo, otras de las instituciones religiosas y sociales y en otras parecerían reconocerse las configuraciones arquetípicas de ciertos monumentos históricos.   (I-Ching. Prólogo de Jung. 1993: 44). Los oráculos están escritos en forma de alegorías que llevan una explicación conjunta, referida a hechos de la vida cotidiana y de la vida espiritual, que el lector deberá interpretar según sus necesidades y filosofía. Quizá una de la joyas chinas más conocidas en el relato breve que inaugura las características de la minificción actual es el conocido *"Sueños de la Mariposa"* de Chuang-Tzu, filósofo taoista del siglo III y IV a.C.:

Sueño de la mariposa

Chuang-Tzu soñó que era una mariposa. Al despertar ignoraba si era Tzu que había soñado que era una mariposa o si era una mariposa y estaba soñando que era Tzu.

Chuang-Tzu (Borges; Ocampo; Casares, Antología de la literatura fantástica, 1993: 59)

2.3 Literatura Hebrea y Árabe.

El *Antiguo Testamento*, primera parte del conjunto de los libros sagrados que el cristianismo denomina *La Biblia*, constituye la más asombrosa obra literaria del pueblo hebreo, que lo llama *Tora* (ley) (Riquer: 1976: 21). En 1546 el Concilio de Trento aprobó que el *Antiguo y el Nuevo Testamento* son de inspiración divina. En la Biblia encontramos pasajes de perfecta unidad narratológica en las historias de Ruth, Tobías, Esdras, Judith, Ester, el hijo pródigo, Susana y Jonás, etc. Este es un ejemplo de relato breve:

El agua amarga de Mara

22 Mandó Moisés que los hijos de Israel se partieran del Mar Rojo. Avanzaron hacia el desierto de Hur y marcharon por él por tres días sin hallar agua.

23 Llegaron a Mara, pero no podían beber el agua de Mara por ser amarga.

24 El pueblo murmuraba contra Moisés diciendo: "¿Qué vamos a beber?"

25 Moisés clamó a Yavé, que le indicó una madera que él echó en el agua, y ésta se volvió dulce. Allí dio al pueblo leyes y estatutos, y los puso a prueba.

26 Les dijo: "Si escuchas a Yavé, tu Dios, si obras lo que es recto a sus ojos, si das oído a sus mandatos y guardas todas sus leyes no traeré sobre tí ninguna de las plagas con que he afligido a Egipto, porque yo soy Yavé, tu sanador."

27 Llegaron a Elim donde había doce fuentes y setenta palmeras, y acamparon allí cerca de las aguas.

Exodo, cap. XV. (Prampolini, 1940: 1002)

A diferencia de las narraciones hindúes y chinas ésta carece de la belleza poética, está escrita en un lenguaje escueto. El discurso está fragmentado en pequeños párrafos numerados (versículos), en los cuales se narra una historia coherente, de estructura tradicional. Otra de las formas de relato breve que se encuentran en *La Biblia* son la parábolas que tienen por escenario el mar y las playas, el campo y las ciudades. Se le habla al pueblo en parábolas o comparaciones relacionadas con la vida cotidiana y destinadas a hacer entender las verdades de la vida espiritual; entre muchas están las muy conocidas de El Rico Epulón y Lázaro, la del fariseo y el republicano, el buen samaritano , etc.

Parábola de la Semilla de Mostaza:

31 Otra parábola les refirió diciendo*: El reino de los cielos es semejante al grano de mostaza, que un hombre tomó y sembró en su campo;*

32 El cual a la verdad es la más pequeña de todas las semillas; pero cuando ha crecido, es la mayor de las hortalizas y se hace árbol, de tal manera que vienen las aves del cielo y hacen nidos en sus ramas.

Mateo 13, 31.

En esta parábola los elementos relacionados, cielo y semilla de mostaza, no necesitan explicación anexa como en el caso de la parábola de la cizaña.

Las imágenes poéticas y los símbolos hacen parte de la narración. En el de pasaje de Lucas "la lámpara del cuerpo", la metáfora y el símbolo hacen la síntesis narrativa:

22 La lámpara del cuerpo es el ojo, así que si tu ojo es bueno, todo tu cuerpo estará lleno de luz;

23 pero si tu ojo es maligno, todo tu cuerpo estará en tinieblas. Así que si la luz que en tí hay es tinieblas, ¿cuántos no serán las mismas tinieblas?

Este texto es como una especie de ecuación o silogismo, que se resuelve con un interrogante abierto al sentido interno del texto mismo. Otro de los libros de La Biblia que reúne relato breve y fantástico es el Apocalipsis; narración de gran riqueza descriptiva, simbólica y poética.

La literatura árabe tiene como las otras culturas antiguas su monumento doctrinal, filosófico, jurídico y social: El Corán, código de preceptos de Mahoma. El cuento o novela corta constituye una de las actividades más brillantes de los árabes. Sobresale el género llamado 'Magama' (tertulia) en el cual, alrededor de un personaje central, se refieren varias historietas. El conjunto de relatos más importante que nos ha legado la literatura árabe, es el conocidísimo libro de *Las Mil y Una Noches*; cuentos que proceden del célebre derviche Mocles, uno de los magnates de Persia; tradujo las comedias indias al persa, transformándolas en cuentos. (Vernet, Juan, 1964: 10)

Estos cuentos son de origen oriental, adaptados a la cultura árabe. Debido a la trashumancia del pueblo persa, *Las Mil y Una Noches* son el resultado de la recolección de relatos de origen indopersa, musulmán, iraquí y egipcio. Posteriormente se hicieron ediciones disminuidas y aumentadas, que no corresponden al manuscrito más antiguo; el corpus contenido en Las Mil y Una Noches reúne relatos maravillosos, leyendas, cuentos didácticos, cuentos humorísticos, anécdotas de gentes libres y de la vida humana en general. *Las Mil y Una Noches* es un buen ejemplo del relato breve, con raíces antiguas y de diferentes culturas.

En el poema arábigo-andaluz encontramos otra forma de relato breve:

Después de la orgía:

Cuando llena de su embriaguez se durmió y cerró los ojos de la ronda, me acerqué a ella tímidamente como el amigo que busca el contacto furtivo con disimulo. Me arrastré hacia ella insensiblemente, como el sueño; me elevé hacia ella dulcemente, como el aliento.

Besé el blanco brillante de su cuello;

apuré el rojo vivo de su boca.

Y pasé con ella mi noche deliciosamente hasta que sonriendo las tinieblas, mostraron los blancos dientes de la aurora.

(Prampolini, 1940: 1083, Trad. Abenxchaid de Córdoba)

2.4 Japón

El estilo de narración en la literatura japonesa es sencillo e ingenuo, aunque lleno de interés. En la época de Heian surge la prosa narrativa o "monogatoria" (literalmente relato de cosas), en la cual predomina generalmente la imaginación (primera mitad del siglo X). Hacia el año 125, se escribieron los *Relatos de Ise* que están ligados por tener todos el argumento de las aventuras amorosas de un joven de la corte, divertidas y sentimentales. Cada breve capítulo comienza con la palabra 'Musaki' (Hace mucho tiempo, érase una vez) y contiene una o dos 'tanka' que suelen ser exquisitos como ésta:

Tsuki ia? aranu:	¿Luna? - Ninguna
Haru ia? Mukashi no	Primavera? No es
haru naranui:	la de antaño:
Waga mi hitotsa wa	Todo cambió sólo yo
moto no mi ni shite."	No he cambiado

(Prampolini, 1940: 170)

En estos Tanka, se encuentra la síntesis narrativa japonesa, género de prosa relacionada con el haikai, desarrollado posteriormente en el siglo XVII.

El pensamiento filosófico y científico de Grecia dejó honda huella en occidente, pero ha sido la literatura la que ha logrado mayor relevancia. Los temas de la antigua literatura imaginativa griega están tomados del seno de las leyendas y tradiciones mitológicas, conservados desde tiempos inmemoriales por el pueblo heleno. La leyenda y el mito, son los principales pilares de la literatura, elaborados con una extraordinaria belleza poética.

El cultivo de la prosa es posterior al de la poesía. En el siglo VI a.C. aparecen los primeros textos de prosa griega. Con el fabulista Esopo nace la verdadera fábula, aunque ésta como género literario nace en el Valle del Indo, en época indeterminada como fruto de los mitos, en los cuales se fundan las grandes culturas dravídicas y arias. Las fábulas de Esopo son narraciones cortas en que de un hecho sucedido a unos animales, se saca una lección o conseja para la vida humana.

El viajero y la espada

Un viajero encontró

una espada en un camino

y le preguntó con calma:

'Di espada, quién te ha perdido?'

Esta contestó de prisa

y con acento tranquilo:

Uno perdióme; yo en cambio son muchos los que he perdido.

(Méndez V.; Sánchez L.; Inglada E.,1978)

Posteriormente la fábula ha seguido su evolución con autores como Fedro, Lafontaine, Samaniego, entre muchos otros. Otra forma de relato breve que se desarrolló en el periodo greco- latino está reunida en *Las Metamorfosis* de Ovidio (43 a.C.), en el que reúne una especie de historia universal de la mitología a través de 250 leyendas entrelazadas, en los cuales se produce una transformación o metamorfosis. El poema es una exaltación estética donde narra paisajes, situaciones, maravillas y monstruosidades con fina elegancia espiritual y formal y, con un discreto humor (Ovidio, Las Metamorfosis, 1976). Cada narración está precedida de un argumento, que sintetiza el relato breve.

Libro sexto

I Argumento: Deseosa de aventuras, Minerva se trasforma en vieja. Nárrase cómo la diosa de la sabiduría se encontró con la orgullosa Aracne, lo que discutieron acerca de los diferentes hilazas y de su utilidad y belleza, y por fin, el castigo que dio Minerva a la ensoberbecida, transformándola en araña.

(Ovidio, Las metamorfosis, 1955: 11)

Con anterioridad, se había hecho referencia al libro de *La Biblia* y sus primeros textos del Antiguo Testamento. Por esta época del cristianismo, los evangelistas escribieron el Nuevo Testamento, en donde como ya se mencionó el relato breve es la forma en que están escritos muchos de los pasajes, parábolas, alegorías y el Apocalipsis.

2.6 El cuento en la Edad Media

En los primeros siglos del cristianismo, sobre la tradición griega occidental pesará de manera muy característica la tradición oriental, por su preferente aplicación del cuento a fines religiosos. (Alcina Franch, El conde Lucanor y otros cuentos medievales, 1973: 17). Algunas narraciones piadosas referidas a la vida de los monjes en el desierto, traducidas al latín antes del siglo VIII, se encuentran en el Zadig, de Voltaire (1973: 17). Toda esta etapa donde el cristianismo y la Iglesia fueron el epicentro de todas las manifestaciones, se vio relegada al desarrollo de la escolástica, la patrística, la literatura se hizo a partir del pensamiento religioso y dogmático; las formas que prevalecieron fueron el poema y el teatro. El relato o cuento breve no registra gran desarrollo en esta etapa de la historia.

La primera y más importante colección de cuentos orientales escrita en latín, pertenece a la primera mitad del siglo XII, compuesta por Pedro Alfonso. La mayor parte de sus cuentos proceden del *Kalila wa-dimna*. Gran parte de estos cuentos se encuentran en El Libro de los Exemplos. Menendez y Pelayo a propósito de las historias de Pedro Alfonso de tema amoroso, anota que "Pedro Alfonso cuenta con muy poca gracia en un bárbaro latín historias verdes que luego se contarán mucho mejor..." (Franch, Alcina, 1973: 21)

2.7 El cuento en Castilla.

La prosa romance hace su aparición en el siglo XIII, con raíces orientales. Los castigos e documentos del Rey don Sancho, constituyen la primera obra en la que la cuentística se acomoda a una estructura con una intención superior. Su contenido moralizador encuentra resonancia, pero debido a cierto tono chispeante y poco ejemplar, el Concilio de Salzburgo de 1386 se opone a la utilización del cuento en las prédicas, y fija como nocivos, diversos tipos de cuentos. Es para destacar el libro de cuentos medievales de *El Conde Lucanor*, escrito por el infante Don Juan Manuel hacia el siglo XVI. Consta de cinco códices, todos ellos en letra del siglo XV. La primera parte reúne una serie de cincuenta y un cuentos, en la cual el autor crea una estructura que repite en cada capítulo de la serie. Intervienen siempre los mismos personajes: el Conde Lucanor y su viejo ayo Patronio. Una primera parte del capítulo será la exposición y planteamiento del problema ante el cual se encuentra el Conde. Es siempre un problema de conductor que le obliga a tomar una decisión. En segundo lugar, contesta Patronio dando el consejo haciendo referencia a un acontecimiento. Esta parte recoge el "enxemplo" propiamente dicho. En tercer lugar, Patronio aplica el "enxemplo" al caso planteado por el Conde: "Ete, vos, señor Conde Lucanor..." Se continúa por un final en el que se alude al propio autor, como si la obra estuviese escrita por otra persona, lo que hoy llamamos el narrador implícito representado.

Enxemplo VIII

De lo quel contrescio a un homme que habian de alimpiar el figado.

Otra vez fablaba el Conde Lucanor con Patronio, su consejero, et dijole asi:

-Patronio, sabed que como quier que Dios me fizo mucha merced en muchas cosas, que estó agora mucho afincado de mengua de dineros. Et como quiera que me es tan grave de lo facer como la muerte, tengo que habré a vender una de las heredades del mundo de que me has duelo, o facer otra cosa que me será tan grand daño como esto. E haberlo he de facer por salir agora desta lacería et desta cuita en que estó. Et faciendo yo esto que es tan grand mio daño, vienen a mi muchos homnes que se que lo pueden muy bien escusar, et demándanme que les de dineros que cuestan tan caros. Et por el buen entendimiento que Dios en

vos puso, ruégovos que me diga des lo que vos parece que debo facer en esto.

-Señor Conde Lucanor dijo Patronio paresce a mi que vos contesce con estos homnes como contesció a un homne que era muy mal doliente.

Et el Conde le rogó quel dijiese como fuera aquello.

- Señor Conde- dijo Patronio- , un homne era muy mal doliente, así, quel dijieron los físicos que en ninguna guisa non podían guarescer si non le fesciecen una abertura porel costado, et quel sacasen el fígado por ella et que lo lavasen con unas melecinas que había mester, et quel alimpiasen *de* aquellas cosas porque el fígado estaba maltrecho.

E etando él sufriendo este dolor et teniendo el físico el fígado en la mano, otro homne que estaba y cerca dél, comenzó de regarle quel diese de aquel fígado para un su gato.

Et vos, señor Conde Lucanor, si queredes facer muy grand vuestro daño por haber dineros et darlos do se deben escusar, digovos, que lo podedes *facer por vuestra voluntad, mas nunca lo faredes por el mi consejo.*

Et al Conde plogo de aquello que Patronio le dijo, et guardóse ende dallí adelante et fallose en de bien.

Et porque entendió don Johan que este ejiemplo era bueno, mandólo escribir en este libro et fizo estos viesos que dicen así:

Si non sabedes que debedes dar,

A grand daño se vos podría tornar.

Infante Don Juan Manuel (Franch, Alcina, 1973: 276-277)

Además esta extensa obra de *El Conde Lucanor* y *otros cuentos medievales* recoge *El Libro de los Engaños, Calila e Dimna*, cuentos de origen índico, persa y sirio, que de la India pasaron a la literatura árabe y a través de ella llegaron a España; allí fueron traducidos por Alfonso X El Sabio, hacia el año1251. Otros libros incluidos en el libro del Conde Lucanor son *El Libro de los Gatos, El Libro de los Ejemplos y El Espéculo de los Legos.*

El siglo XVI marcó un hito sobresaliente en la evolución de la humanidad y de la literatura. Las obras que marcaron el nacimiento de la novela como género, además de la del infante don Juan Manuel, fueron *El Decamerón* de Bocaccio y *Los Cuentos de Canterbury* de Chaucer; en realidad estas dos obras, marcan el inicio del Renacimiento, precedidos por Dante y Petrarca. Igual que la estructura del *Decamerón y el Conde Lucanor*, Chaucer reúne a unas personas para que narren historias. En este caso, se trata de una peregrinación a la Iglesia de Canterbury, y a lo largo del trayecto, los peregrinos relatan cada uno una historia. Esta serie de obras de la Edad Media se caracteriza por el tono moralizante y algunas veces irónico y picante. Respecto de los símbolos que se manejan especialmente en el libro de El Conde Lucanor, son arbitrariamente reducidos en su sentido por el autor, privando al lector la posibilidad polisémica del símbolo, al explicar en una especie de reflexión el significado del relato. De *El Libro de los Gatos* un ejemplo:

XVIII Enxiemplo del Mur e la Rana con el Milano.

Acaesció una vegada que el mur había de pasar una grandagua, e rogó a la rana que lo pasase alende.

E dijo la rana: Atate a mi pierna e ansí te podré mejor pasar.

El mur fizolo ansí. E viólos el milano como iban atados e llébolos amos y dos.

Bien así es de algunas dignidades que son dadas, de algunas gracias, algunos priorazgos que son dados, algunos clérigos e algunos monjes que non saben nada de bien e que lo merecen e después piér denlo malamente. Entonce viene el diablo, que se entiende por el milano e liébalos amos a dos, ca lieva el capelán e lo suyo con él.

Infante Don Juan Manuel (Franch, Alcina, 1973: 435) Es realmente el Decamerón la obra que constituye el inicio de la novela; se ha llamado a Bocaccio el padre de la novela moderna (Boccacio, El Decamerón. Prólogo de Cardona de Girbet. 1973: 34), porque rompió con la manera de narrar en verso ya que esta técnica no se ajustaba a la expresión realista de los temas tratados. Por tratarse de cuentos relativamente cortos, no reseñamos en este estudio ninguno en especial, dada su vasta popularidad y porque aquí nos ocupamos de la evolución del relato breve.

3. El cuento corto moderno.

A comienzos del siglo XIX los anuarios y volúmenes conmemorativos adquirieron inmensa popularidad, una nueva forma de publicación en la cual halló acogida el cuento corto frente a la novela interminable. Los cuentos cortos empezaron a escribirse en gran cantidad, en especial en los periódicos que por la época tuvieron gran desarrollo. Hay que tener en cuenta que el periodo comprendido entre los siglos XIV y XVI constituye el advenimiento del racionalismo de occidente, alimentado por la Ilustración y la Enciclopedia, fenómenos que explican por qué el relato pierde su carácter natural, colectivo, y se vuelve intencional, literario, personal y con una conciencia estética por parte del escritor. Es en esta época donde el auge de la novela ha rezagado el cuento y, a la vez éste tomó los caracteres de la novela en su estructura, temas, y especialmente en el realismo.

En América se formó una escuela de escritores brillantes, y fue en Estados Unidos donde se cultivó este género con gran interés de estudio por sus métodos, técnicas y posibilidades, pero es realmente en Europa donde el género tuvo su origen.

Entre los americanos, se destacaron: Edgar Allan Poe (1809-1849), con quien se inicia el cuento corto moderno. (En el segundo capítulo de este estudio se comentarán algunas de sus teorías). Su fama descansa sobre sus muy numerosos cuentos donde se combinan el intelectualismo y el horror. El más elemental y puro: El Corazón Delator, brevísimo monólogo.

Hawthorne (1804-1864): Escribió relatos breves, compuestos por cierto, con plena conciencia de la novedad y la importancia de este género, no del todo puritano: Los prólogos y recensiones que escribió entonces Hawthorne y Poe constituyen "la declaración de derechos" del relato breve, del cuento, como suele decirse, en un momento en que en Europa esta forma todavía quedaba rezagada en manos de los románticos alemanes. (Riquer; Valverde, 1985: 299).   El cuento de Hawthorne no tiene todavía la carga del realismo que caracterizará a este género: su resorte es lo sobrenatural, la intervención de fantasmas o duendes.

Entre los ingleses se destacaron Stevenson, Kipling, Katherine Mansfield, Anderson, Lawrence,

Virginia Woolf. La decadencia del cuento en Inglaterra durante los tres primeros cuartos del siglo XIX, se debió al uso limitado de técnicas novelescas por parte de los cuentistas, al uso exagerado de la descripción física, de los espacios y los personajes. Respecto de la extensión y de las características que más se aproximan al relato breve en esta época, nos detendremos en Chesterton (1874-1936), que además de renovar la novela, la crítica, la lírica y la ficción policial, escribió algunos cuentos cortos de ficción, que encierran las características de la minificción:

La Pagoda de Babel

- Ese cuento del agujero en el suelo, que baja quién sabe hasta dónde, siempre me ha fascinado. Ahora es una leyenda musulmana; pero no me asombraría que fuera anterior a Mahoma. Trata del sultán Aladino; no el de la lámpara, por supuesto, pero también relacionado con genios o con gigantes. Dicen que ordenó a los gigantes que le erigieran una especie de pagoda, que subiera y subiera hasta sobrepasar las estrellas. Algo como la torre de Babel. Pero los arquitectos de la torre de Babel eran gente doméstica y modesta, como

ratones, comparada con Aladino. Sólo querían una torre que llegara al cielo. Aladino quería una torre que rebasara el cielo, y se elevara encima y siguiera elevándose para siempre. Y Dios la fulminó y la hundió en la tierra abriendo interminablemente un agujero, hasta que hizo un pozo sin fondo, como era la torre sin techo. Y por esa invertida torre de oscuridad, el alma del soberbio sultán se desmorona para siempre.

G. K. Chesterton (Borges; Ocampo; Casares, 1993: 158)

En este cuento se observa además de ser un relato fantástico, presencia de los símbolos, la economía en la descripción, la ironía, verdadera síntesis narrativa para la época, donde el cuento de una u otra forma, continuaba desarrollando las técnicas tradicionales en el manejo de tiempo, espacio y personajes.

La importancia del cuento moderno en el desarrollo del género fue marcada por Poe, Chejov, Maupassant, quizá los tres maestros del cuento moderno. Guy de Maupassant (1850-1893) se valió de este género para recorrer los espacios, donde se incuban las pasiones y las miserias humanas, encarnadas en su extraordinario cuento *Bola de*

Sebo. Andersen, autor de cuentos clásicos infantiles, incursionó por los campos del cuento corto con gran acierto, tomaremos aquí el famoso cuento de *La Princesa y el Guisante*.

La Princesa y el Guisante

Érase una vez un príncipe que quería casarse, pero tenía que ser con una princesa de verdad. Así es que dio la vuelta al mundo para encontrar una que lo fuera, pero aunque en todas partes encontró no pocas princesas, que lo fueran de verdad, era imposible de saber, porque siempre había algo en ellas que no estaba bien. Así es que regresó muy desconsolado, tal era su deseo de casarse con una princesa auténtica. Una noche estalló una tempestad horrible, con rayos y truenos y lluvia a cántaros una noche de veras espantosa. De pronto golpearon a la puerta de la ciudad y el viejo rey fue a abrir.

Afuera había una princesa. Pero, Dios mío, ¡qué aspecto ofrecía con la lluvia y el mal tiempo! El agua le goteaba del pelo y de las ropas, le corría por la punta de los zapatos y le salía por el talón, y

sin embargo, decía que era una princesa auténti-
ca.

- Bueno, eso ya lo veremos - pensó la vieja reina y
sin decir palabra, fue a la alcoba, apartó toda la
ropa de la cama y puso un guisante en el fondo.
Después tomó veinte colchones, los colocó sobre el
guisante y además veinte edredones sobre los
colchones.

Allí dormiría la princesa aquella noche.

A la mañana siguiente le preguntaron qué tal ha-
bía dormido.

- ¡Oh, horriblemente mal! dijo la princesa. Apenas
si he pegado los ojos en toda la noche. Sabe Dios
lo que habría en la cama. He dormido sobre algo
tan duro que tengo todo el cuerpo hecho un puro
morado. ¡Ha sido horrible! Así pudieron ver que
era una princesa de verdad, porque a través de
veinte colchones y de veinte edredones había no-
tado el guisante. Sólo una princesa auténtica po-
día haber tenido una piel tan delicada.

El príncipe la tomó por esposa porque ahora pudo
estar seguro de que se casaba con una princesa
auténtica, y el guisante entró a formar parte de

*las joyas de la corona, donde todavía puede verse,
a no ser que alguien lo haya tomado.*

- ¡Como veréis, esta sí fue una historia auténtica!

(Andersen, Cuentos, 1994: 5-6)

Este cuento de Andersen, breve como la mayoría de los cuentos de género infantil, se inscribe dentro del tipo de relato clásico por su estructura, el Erase una vez que anuncia la intemporalidad del cuento fantástico, de hadas y princesas, escrito en un lenguaje sencillo e ingenuo, igualmente económico en la descripción. De la misma manera los famosísimos cuentos infantiles de Perrault, *Los Viajes de Gulliver* de Swift y *Las Aventuras de Tom Sawyer*, son piezas representativas del relato corto en la época moderna.

Chejov conocía muy bien la técnica del cuento corto. Insistía en que un cuento no debe tener nada superficial. "Todo lo que no se relaciona con él debe ser extirpado sin compasión", escribió. Las descripciones de la naturaleza han de ser breves y claras. Chejov en realidad rompe con el estilo tradicional del relato e instaura una nueva forma de síntesis.

En el marco de la literatura oriental, tradicional por la síntesis, verdaderos medallones o viñetas literarias de un gusto exquisito, se encuentra Tagore (1861), conocido por sus cuentos y prosas poéticas de gran delicadeza estilística y metafórica. El siguiente es un breve relato de una extraña belleza poética, teñida de humor y asombro:

78

Era mayo. La luna biliosa parecía eternizarse y la tierra seca se abría de sed; cuando una voz llegó a mí de la ribera, que me llamaba: "Ven, amada mía". Cerré mi libro y me fui a la ventana. En la orilla, una gran búfala, toda enfangada, miraba con plácidos ojos a un muchacho que el agua a la rodilla, la llamaba al río. Me eché a reir... una ráfaga dulce me llegó al corazón.

(Tagore, Rabindranath, El Jardinero, 1966: 124)

En realidad, en la época moderna el cuento relativamente corto tuvo un gran auge en su desarrollo y evolución, pero el relato breve se presenta como un fenómeno aislado dentro de la obra de los escritores. Entre los siglos XVIII y XIX encontramos poetas y novelistas que dentro de su obra escribieron relatos cortos, minicuentos, que para su época fueron verdaderos precursores del género. Estos cuentos fueron reseñados por Borges, Silvina Ocampo y Bioy Casares en su Antología de la Literatura Fantástica.

Sola y su alma

Una mujer está sentada sola en su casa. Sabe que no hay nadie más en el mundo: Todos los otros seres han muerto. Golpean a la puerta.

Tomas Bayley Aldrich (1912)

El género del cuento fantástico es una de las vetas en el desarrollo de la minificción, por sus posibilidades de símbolo, asombro, sorpresa, "ficción súbita"

El auténtico fantasma

¿Habría algo más prodigioso que un auténtico fantasma? El inglés Johnson anheló toda su vida, ver uno; pero no lo consiguió aunque bajó a las bóvedas de las iglesias y golpeó féretros ¡Pobre Johnson!

¿Nunca miró las marejadas de vida humana que amaba tanto? ¿No se miró siquiera a sí mismo? Johnson era un fantasma, un fantasma auténtico, un millón de fantasmas le codeaba en las calles de Londres. Borremos la ilusión del tiempo, compendiemos, los sesenta años en tres minutos, ¿qué otra cosa era Johnson, qué otra cosa somos nosotros? Acaso no somos espíritus que han tomado un cuerpo, una apariencia, y que luego se disuelven en aire y en invisibilidad?

Thomas Carlyle (1834)

El sueño del rey

- Ahora está soñando. ¿Con quién sueña? ¿Lo sabes?

-Nadie lo sabe.

-Sueña contigo. Y si deja de soñar, ¿qué sería de tí?

- No lo sé.

- Desaparecerías. Eres una figura de su sueño. Si se despertara ese rey te apagarías como una vela.

Lewis Carroll (1871).

En los anteriores ejemplos, además de la narración sintética, se encuentra la forma dialógica en el caso de Carroll; así mismo, la especulación filosófica y metafísica tan frecuentes en la minificción.

4. El cuento corto contemporáneo.

Es a partir de este siglo es que real e históricamente se puede hablar del desarrollo vertiginoso del relato breve, minificción o minicuento. Escritores especializados en este género como Borges, Cortazar, Arreola, Monterroso, Julio Torri, Salvador Garmendia, Luis Britto, Ana María Shua, y un sinnúmero de minificcionistas que ha venido proliferando en este final de siglo, serán reseñados y analizados a través de este estudio, que apunta a la construcción de una teoría sobre este género.

A través de la evolución del cuento se ha podido detectar que esta forma narrativa, constituye una de las variedades literarias más antiguas desde el relato mitológico, el cuento folclórico, el cuento maravilloso, los apólogos, las fábulas, los enxemplos de la Edad Media, pasando por la leyenda, el relato social y el cuento fantástico o ficción. La crítica se ha ocupado de un análisis respecto del apogeo y la decadencia del género determinados por la época, las formas de pensamiento, la ideología, la forma de producción económica que marcan las directrices de la producción literaria. Es así como el cuento actual ha perdido sus rasgos naturales - su índole colectiva, tradicional, popular, folclórica-   y se ha trasladado a una instancia de preponderancia estética relacionada con la conciencia de escritura. El cuento contemporáneo ha recibido diferentes denominaciones, teniendo en cuenta sus características semánticas y sintácticas.

La denominación del cuento literario como "artefacto" connota el presente, el futuro y finalmente el destino del cuento como objeto de expresión del hombre. Semánticamente o como primera acepción "artefacto" significa acto de arte (Castagnino:1977:28). El cuento sobre el papel impreso, no es sino escritura, objeto. El acto es producto de la creación del escritor, y la recreación del receptor. Es en este siglo cuando se empieza a hablar del lector, de la recepción de la obra literaria o artística, como un componente importantísimo del ciclo creativo; teoría que ha sido trabajada ampliamente por Roland Barthes. El cuento contemporáneo como expresión cultural de una clase social que lo produce, fenómeno altamente intelectualizado por demás, exige de un receptor con igual nivel intelectual, capaz de aprehender los artificios con los cuales está construido el relato, de lo contrario se creará una ruptura.

El fenómeno del cuento fantástico, a pesar de la arquitectura compleja como está construido, entraña una actualización de los arquetipos vitales; es decir, ha rescatado al individuo en su relación con el contexto natural y sociocultural, del cual ha sido escindido por el imperio de la razón.

Lida Aronne anota al respecto, que en un contexto no intelectual, ingenuo, el elemento que se aparta de las reglas, podía aparecer natural pues es normal que un niño o un campesino crean en fantasmas, de esta forma no habría ruptura ni impacto en el receptor ingenuo, frente al receptor consciente. (Aronne Amestoy, 1976: 70-71).

Los artificios que constituyen el cuentoartefacto son el resultado de la elaboración narrativa relacionada con el tiempo, el espacio, los actantes, por medio de signos codificados en un sistema de relaciones entre los componentes, es decir, en un proceso de "arte combinatoria". Al respecto de la riqueza de su cuentística, Borges expresa: "Si se observa bien en mi cuentística tengo apenas tres o cuatro argumentos. Lo que ocurre es que cambio o combino de distinto modo algunos componentes: O el lugar o el tiempo o las personas o las estrategias narrativas. El núcleo argumental podría ser siempre el mismo." (Castagnino, 1977: 33). Esta "arte combinatoria" es el elemento estético utilizado por los escritores en los relatos breves, ficciones y minificciones.

Otra denominación del cuento contemporáneo es el "epífano", concepto que viene de Hemingway relacionado con "los bocetos" que escribió en 1922 reunidos en su libro The Short Stories Of Hemingway, "como una alternativa en prosa" -propone Botero- diferente al cuento. Estos bocetos del escritor norteamericano han sido denominados por la crítica como sketches: "Recogían aquellos momentos en los que la vida es condensada y clara y significativa, logrados a través de minúsculas narraciones que eliminaban toda palabra inútil. Cada relato es más largo que la medida de sus líneas." (Botero, 1994: 228). Veamos este cuento brevísimo de Hemingway:

Un cuento brevísimo

Un atardecer cálido, en Padua, le subieron al tejado y desde allí pudo mirar la parte alta de la ciudad. Por el cielo volaban vencejos. Al cabo de un rato comenzó a oscurecer y se encendieron los reflectores. Los otros bajaron, llevándose consigo las botellas. El y Luz los oían abajo, en el balcón. Luz se sentó en la cama. Estaba fresca y pura en la noche cálida.

Luz se quedó allí de servicio nocturno durante tres meses, y ellos se lo permitieron, muy contentos. Cuando le operaron fue ella quien preparó la mesa de operaciones; y ellos bromeaban sobre amigos y lavativas. Él se sometió a la anestesia poniendo buen cuidado de no irse de la lengua, porque la gente, cuando está anestesiada, suele hablar más de la cuenta y decir tonterías. Después, con muletas, solía tomarse él mismo la temperatura, y así Luz no tenía que levantarse de la cama. Había muy pocos enfermos y estaban al corriente. A todos les caía bien Luz. Y él, yendo por los pasillos, pensaba en Luz acostada.

Antes de que él volviera al frente fueron los dos al Duomo a rezar. Allí había penumbra y silencio, y gente rezando. Ellos querían casarse, pero les faltaba tiempo para las amonestaciones, y no tenían a mano sus partidas de nacimiento. Se sentían como si estuviesen casados, pero querían que todo el mundo se enterase, y hacer el amor, para no perderlo.

Luz le escribió muchas cartas, pero él no las recibió hasta después del armisticio. Le llegaron quince en un paquete al frente, y él las ordenó por fechas y las fue leyendo seguidas. Trataban del hospital y de lo mucho que le quería y de lo imposible que le resultaba vivir sin él, y de lo que le echaba de menos por la noche.

Después del armisticio decidieron volver a casa y buscar trabajo para poder casarse. Luz no podía volver hasta que él encontrara un buen empleo, y entonces iría a Nueva York a recogerla. Quedó bien claro que él no bebería, y tampoco quería ver a sus amigos ni a nadie en Estados Unidos. Lo único que quería era encontrar trabajo para que pudieran casarse. En el tren de Padua riñeron porque ella no quería volver a casa inmediatamente.

Cuando les tocó despedirse, en la estación de Milá, se besaron, pero la riña no quedó arreglada del todo. A él le dolió mucho tener que despedirse de ella así.

Regresó a Norteamérica en barco, desde Génova, y Luz volvió a Pordenone, donde se inauguraba un hospital. Llovía, y se sintió sola. En la ciudad estaba acuartelado un batallón de arditi. El comandante del batallón, que pasaba el invierno en esa ciudad lluviosa y cubierta de fango, le hizo el amor a Luz, y ella nunca había conocido italianos hasta entonces. Luz acabó mandando una carta a Estados Unidos donde explicaba que su amor había sido un amor de juventud, que lo sentía mucho, y que él, probablemente, no podría comprenderla, pero algún día la perdonaría y se lo agradecería, y que esperaba, de una manera completamente inesperada casarse en primavera. Le quería tanto como siempre, pero se daba cuenta de que su amor había sido un amor de juventud. Le deseaba que tuviera mucho éxito y tenía completa fe en él. Estaba convencida de que esta era la mejor solución para los dos.

El comandante no se casó con ella en primavera, ni en ninguna otra estación. Luz no recibió respuesta a aquella carta que le envió a él a Chicago. Poco tiempo después el cogió purgaciones haciendo el amor con la empleada de unos grandes almacenes en un taxi que iba por Lincoln Park.

Ernest Hemingway (Shapard, Robert; Thomas, Jame Ficción Súbita, 1989: 140)

Como se anota en el siguiente capítulo, el problema de los límites genéricos en la posmodernidad es una discusión flexible, poco dogmática, y "anacrónica", según Todorov. Los conceptos de relato breve, cuento corto, microcuento, minificción , minicuento, epífano, y ficción súbita, se entremezclan y confunden; quizá la característica que los unifica es la síntesis narrativa y la densidad sémica, como ya lo expresaba el propio Hemingway con respecto de sus epífanos: "Diseñar miniaturas en movimiento que debían detonar como pequeñas granadas al interior de la cabeza del lector." Pero los bocetos de Hemingway generalmente de tono realista, si bien recogen imágenes irrepetibles de la condición humana, descarnados e impresionistas, como el episodio del torero Domingo Hernando Rena en Madrid (Botero,

1994: 229), adolecen de "la detonación" sémica, más bien Hemingway se refería a una detonación por la impresión de la imagen, en otras palabras el dramatismo y la plasticidad de la imagen fotográfica trasladada al lenguaje de la narración. Pero si esto es lo que caracteriza al epífano: el instante revelador, ya muchos escritores lo han expresado a través de la novela, el cuento, el apólogo, la poesía, el teatro; o en el proceso inverso, una novela puede surgir de una imagen como en *La Inmortalidad* de Milan Kundera; entonces la discusión volvería al problema de la extensión en la obra literaria. Quizá la "captura de momentos claves y reveladores" obtenga mayores logros en los terrenos del cine y la poesía como lo argumenta Botero. Es indudable que esa mirada fotográfica de Hemingway instauró una nueva forma de prosa para su época.

El epífano es definido como "una ficción corta, en prosa, cuyo objetivo no es relatar una historia sino arrestar un hecho, un suceso, una acción o un instante que por una u otra razón, el autor estima profundamente revelador, especialmente significativo, capaz de mostrar gracias a una inesperada fusión de detalles y a pesar de su fugacidad, rasgos sobresalientes de la vida o de la condición humana y que difícilmente se podrían detectar, con claridad comparable, en periodos más largos de tiempo" (Botero, 1992: 257). Veamos este epífano del autor:

La única obligación

Cuando ella lo lanzó al abismo diciéndole que la relación había terminado, y que lo único claro que tenía en su mente era que no lo quería volver a ver jamás, quedó como un planeta expulsado de su órbita, girando pero sin rumbo ni centro de gravedad. No soportó el golpe. De noche lloraba mientras dormía, y lo despertaba el extraño ruido de sus propios sollozos. Duró meses distraído, pensando en ella, sólo en ella, arrastrándose por el fango de bares y burdeles, intentando olvidarla, precipitado por un despeñadero sin ni siquiera sospechar que estaba cayendo. Una noche de aguaceros torrenciales, tocó fondo. Afuera tronaba la lluvia y el agua hervía sobre el tejado, cuando de pronto, en el destello de un relámpago, pareció despertar de un sueño atroz: en el relámpago del fogonazo se vio reflejado en el espejo del baño con el rostro barbudo y demacrado, y con la temblorosa cuchilla posada sobre sus expectantes venas azules. Se miró a los ojos, dejó caer la cuchilla, y resquebrajó por completo la represa de su llanto.

Lloró largo y sin pausas, pero a diferencia de las veces anteriores ahora no lloraba por la falta que ella le hacía sino por su fracaso como persona incapaz de sortear un golpe devastador. En ese momento, lo alcanzó como un rayo pero no súbito y fulminante, sino más bien agotado, titubeante en las tinieblas, el oscuro entendimiento de la única obligación: reconstruir.

Juan Carlos Botero (Díaz, Rodrigo; Parra, Carlos, Breve teoría y antología del minicuento latinoamericano, 1993)

Los momentos singulares que captura el epífano dependen de la subjetividad, sensibilidad y criterio del autor para darle a un instante, que para otros lectores puede parecer trivial, la categoría de objeto estético. Los epífanos se caracterizan por no tener personajes concretos, sino protagonistas de un instante determinado, no se relata una historia, ni se describen ambientes (Botero, 1992: 265).

En el capítulo relacionado con la institución del género, ampliaremos el concepto del cuento epifánico, relacionando su proximidad con el género minificción; además de otras formas de relato breve, que comparten caracteres entre sí.

"Ficción súbita", "cuento ultracorto" o "cuento súbito", son otros tipos de denominación que ha recibido esta forma de narración breve en el ámbito de la cuentística norteamericana. Según escritores que expresan sus opiniones al respecto, el cuento o narración ultracorta no está limitado a la reminicencia, ni a la brevedad del tiempo, puede llegar a adaptarse a variados modos de expresión como el realismo, el naturalismo, la fantasía, la alegoría, la parábola, la anécdota, etc.; la única condición es que sea muy corto y que produzca turbación desasosiego, ansiedad, humor, ironía (Shapard, Thomas, 1989: 241).

En la narración ultracorta se presenta un carácter de intemporalidad, los personajes se anatomizan, el caos toma alguna forma, condensa el misterio que rodea la historia induciendo al receptor a leer de prisa y luego volver a leer y releer, con la sensación de que todavía no se ha terminado; como un reto a la capacidad del lector para volar sobre la base de un mínimo de material. (Shappard; Thomas,1989:242).

La tensión del relato ultracorto y el tono son los elementos que le dan su característica; el énfasis es puesto en los personajes que generalmente son anónimos, dentro de la vastedad selvática de las ciudades norteamericanas, los ambientes rayan con la inconexión y el absurdo, las situaciones aparentemente triviales y cotidianas, de pronto toman esa atmósfera de "ficción súbita" que estremece o anonada al lector. En el siguiente relato, los personajes y la circunstancia que se revela, parece una de esas piezas teatrales de Ionesco o Beckett, donde el absurdo es el símbolo de una sociedad, en la cual se gestan personajes y acontecimientos de ficción:

Sentados

Por la mañana el hombre y la mujer estaban sentados en los escalones del portal de mi casa. No querían moverse de allí.

Con regularidad metronómica él los miraba a través del cristal de la puerta de la calle.

No se habían ido al oscurecer; y se preguntó cuándo dormirían o comerían o harían sus obligaciones.

Al amanecer seguían allí sentados. Y sentados siguieron, aguantando sol y lluvia.

Al principio sólo los vecinos más cercanos llamaban para preguntar: - ¿Quiénes son?,

¿qué es lo que hacen allí? Él no lo sabía.

Luego llamaron también vecinos de las casas más lejanas. Y la gente que pasaba por la calle y se fijaba en la pareja.

El nunca oyó al hombre y a la mujer decirse una sola palabra.

Cuando empezó a recibir llamadas de toda la ciudad, de extraños y hasta de concejales, de profesionales y oficinistas, de basureros y de criados y de mozos para todo, y del cartero, que tenía que esquivarlos para entregar las cartas, se dio cuenta de que no iba a tener más remedio que hacer algo.

Les dijo que se fueran.

Ellos ni le contestaron. Siguieron sentados. Se miraron indiferentes. Él dijo que iba a llamar a la policía.

La policía les echó un sermón, les explicó los límites de sus derechos y se los llevó en el coche.

A la mañana siguiente estaban allí de nuevo.

A la vez siguiente la policía dijo que los meterían en la cárcel si no fuera porque las cárceles estaban tan llenas, pero se buscaría algún otro sitio, si él insistía.

- Ese problema son ustedes quienes tienen que resolverlo - dijo él.

- No, al revés, es usted- le dijo la policía pero se llevaron a la pareja.

Cuando él se asomó a la mañana siguiente, vio que el hombre y la mujer estaban allí, sentados en los escalones, siguieron sentados allí día tras día durante años.

Cuando llegaba el invierno él suponía que se morirían de frío. Pero fue él quien se murió.

Como no tenía parientes, la casa pasó al ayuntamiento. Y el hombre y la mujer seguían sentados allí.

Cuando el ayuntamiento amenazó con llevarse al hombre y la mujer, los vecinos y los ciudadanos entablaron una demanda contra el ayuntamiento: Después de llevar allí tanto tiempo sentados, el hombre y la mujer se merecían la casa. Ganaron los litigantes. El hombre y la mujer se quedaron con la casa.

A la mañana siguiente aparecieron hombres y mujeres sentados en los escalones de portales por toda la ciudad."

H. E. Francis (Shapard; Thomas, Ficción súbita,1989: 115)

El tiempo narrativo, ese gran protagonista o antagonista, es sacrificado. "El tiempo se vuelve antagonista del escritor" (Shapard; Thomas, ver H.E. Francis: 246). En el doble sentido: el tiempo se reduce en la historia narrada y en la recepción de la misma. Esta capacidad del escritor de capturar el interés del lector, en un comprimido literario, requiere de un gran bagaje estético para no caer como ya se ha dicho, en la simple anécdota o reminicencia. Quizá lo interesante de estas narraciones ultracortas,"saltapáginas" "rompenormas" reunidas en la antología de Robert Shapard, sea el contexto cultural que denotan; la sociedad norteamericana con sus esquemas que la identifican, marcan un estilo narrativo particular, muchas veces frío y pragmático, pero transgredido precisamente, por estos giros de ficción que son los que le otorgan la dimensión estética literaria.

En síntesis, el cuento corto contemporáneo sea hispanoamericano o norteamericano, llámese ficción súbita, minicuento, minificción, relato ultracorto, epífano, y demás rótulos que se inventen los críticos y los escritores, comparten características narrativas de esta última mitad de siglo: la epifanía.

II. HISTORIA E INSTITUCION DEL GENERO

Antecedentes teóricos.

Para construir una teoría de la minificción propósito de este estudio, es imprescindible partir de las teorías que se han escrito alrededor del cuento con diversidad de enfoques y aproximaciones al género, desde los decálogos y antidecálogos hasta el análisis de cuentos donde los escritores expresan su visión particular, las fronteras entre géneros, los temas, la estructura, el tratamiento del tiempo y el espacio, la historia, la extensión, etc. En el siguiente apartado se expondrán algunas teorías personales de cuentistas reconocidos, aproximándose a una poética del arte de hacer cuentos, sin pretensiones sistemáticas y normativas, en un tono "metafísico", crítico, ético y estético. Desde los modernos como Poe y Chejov, hasta los contemporáneos como Borges y Cortázar, maestros del relato breve.

Los orígenes.

Es a partir de Poe, en 1842, cuando se define la característica del cuento clásico como la unidad de impresión, lo cual facilita que un cuento pueda leerse de una sola vez, en menos de dos horas, precisamente el tiempo que se necesita para ver una película de ficción (Zavala: 1993: 7). Edgar Allan Poe al referirse al problema de los límites en la obra literaria, aduce que toda obra se impone un límite preciso en lo que se relaciona con la extensión. Es evidente que la extensión de un poema, por ejemplo, está vinculada matemáticamente con la excitación o exaltación que produce o el grado de efecto poético que es capaz de lograr; pues: "Resulta claro que la brevedad debe hallarse en razón directa de la intensidad del efecto buscado, y esto último con una sola condición: la de que cierto grado de duración es requisito indispensable para conseguir un efecto cualquiera." (Zavala, 1993: 14).

Aplicada esta definición al objeto de este estudio: El relato breve, más exactamente a la minificción, Poe apunta directamente a uno de los tópicos neurálgicos del género: la brevedad y el efecto. La lectura interrumpida que demanda la novela por su extensión modifica las impresiones o la recepción de ésta. "Basta interrumpir la lectura para destruir la auténtica unidad. El cuento breve, en cambio, permite al autor desarrollar plenamente su propósito, sea cual fuere." (Zavala, 1993: 17). Para Poe, el cuento posee cierta superioridad incluso sobre el poema. Mientras el poema requiere del ritmo para lograr su más alta idea -la idea de lo bello- el cuento, el buen cuento está fundado en el razonamiento; donde el pensamiento y la expresión tienen numerosas variantes o posibilidades como la ironía, el sarcasmo, el humor, etc., algunas características de la minificción.

Otro de los grandes cuentistas, iniciadores del cuento moderno, es Anton Chejov (1883), quien escribió por medio de cartas su propia teoría respecto de la técnica del cuento. Censura la subjetividad o intimismo por parte del cuentista en la narración: "La subjetividad es algo terrible. Es negativa sobre todo en esto: que deja ver las manos y los pies del autor." (Zavala, 1993: 20). Respecto de la descripción de la naturaleza anota que debe ser muy breve y tener un efecto determinante. Evitar los lugares comunes, dejar al lector los elementos subjetivos que le hacen falta al cuento, y sobre todo, quitar todo lo que no es necesario en el relato para dar concisión y vida a las obras breves.

Microteorías y decálogos.

Muy conocidos son los decálogos y antidecálogos que se han escrito respecto del "buen cuentista". Entre ellos el de Horacio Quiroga, especie de breviario de consejos para el escritor relacionados con la ética y la estética. Entre ellos es interesante mencionar algunos que se refieren concretamente a la técnica, y que son criticados o debatidos por otros escritores posteriores como Borges o Cortázar.

"En un cuento bien logrado, las tres primeras líneas tienen casi la misma importancia que las tres últimas." (Zavala, 1993: 30). Y no sólo eso, en toda la narración es importante la forma, la unidad y la coherencia en el sentido, que debe atravesar todo el relato.

"No adjetivéis sin necesidad. Inútiles serán cuantas colas adhieras a un sustantivo débil. Si hallas el que es preciso, él, solo, tendrá un color incomparable. Pero hay que hallarlo." Expresa Horacio Quiroga que iniciar un cuento implica saber hacia dónde va. "La primera palabra de un cuento, debe estar escrita con miras al final." (Zavala, 1993: 33) . Por el contrario, para Cortázar escribir un cuento es como desenvolver una madeja. Posteriormente Borges escribe un antidecálogo del escritor, lista irónica de dieciséis consejos acerca de lo que el escritor no debe poner en sus libros; entre ellos menciona la no conveniencia en el desarrollo de la trama del relato, hacer uso de extravagancias en el manejo del tiempo y el espacio, como paradójicamente lo hace él en sus cuentos. Admite que la propuesta de Poe en cuanto a que todo cuento debe escribirse para el último párrafo o para la última línea, es una exageración. Sin embargo, conocedor Borges del lector actual, crítico y preveedor de los artificios literarios, expresa que el cuento deberá constar de dos argumentos, uno falso, que vagamente se indica, y otro, el auténtico, que se mantendrá secreto hasta el fin. (Zavala, 1993: 40).

De igual forma Bioy Casares expresó su teoría acerca de la producción del cuento. Respecto de las reglas, cada cuento tiene sus reglas particulares que hay que descubrir. Al escribir un cuento no descubre la realidad sino cómo es ese cuento. En cuanto a las fronteras entre cuento y novela para Bioy ambos son géneros semejantes, excepto los cuentos sumamente breves que se asemejan más a un epigrama que a una novela. El cuento lo define como un relato en donde hay pocos personajes, una acción muy clara y de resolución muy breve, donde la historia es lo principal. (Zavala, 1993: 46).

Augusto Monterroso ampliamente conocido como maestro de la minificción, escribió también un decálogo del escritor salpicado de ironía y de consejos éticos y estéticos. Al referirse a la extensión y concreción del cuento dice: "Pocas cosas hay tan fáciles de echar a perder como un cuento. Diez líneas de exceso y el cuento se empobrece; tantas de menos y el cuento se vuelve una anécdota." (Zavala, 1993: 52).

Igual que Borges, Ricardo Piglia sostiene dos tesis sobre el cuento. La primera dice: Un cuento siempre cuenta dos historias. El cuento clásico narra en primera instancia la historia uno y en secreto construye la historia dos. El arte del cuentista, expresa Piglia, consiste en saber cifrar la historia dos en los intersticios de la historia uno. Un relato visible esconde un relato secreto, narrado de un modo elíptico y fragmentario. El efecto de sorpresa se produce cuando el final de la historia secreta aparece en la superficie. (Zavala, 1993: 56).

Las historias son contadas de forma diferente con dos lógicas narrativas antagónicas. Los puntos de cruce entre las dos historias son el fundamento de la construcción; en el libro colectivo *Techiniques narratives et representation du monde dans le conte latino-american*, Ricardo Piglia toma el cuento de Borges *La muerte y la brújula* para analizar esta tesis de las dos historias: al comienzo del relato, el tendero se decide a publicar un libro. Ese libro está ahí porque es imprescindible en el armado de la historia secreta. Lo que es superfluo en una historia es básico en la otra. El aporte fundamental que introdujo Borges en la historia del cuento consistió en hacer de la construcción cifrada de la historia dos el tema del relato. (Zavala, 1993: 59).

La segunda tesis dice: "La historia secreta es la clave de la forma del cuento y sus variantes" (Ibid.). El cuento moderno a partir de Poe, Katherine Mansfield, Sherwood, Anderson, trabaja la fusión entre las dos historias como si fueran una sola. En el caso de Kafka, anota Piglia, la técnica se invierte. Kafka cuenta con claridad y sencillez la historia secreta y narra sigilosamente la historia visible hasta convertirla en algo enigmático y oscuro.

José Balza en *El Cuento: Lince y Topo* escribe una serie de comprimidos acerca del cuento relacionados con la estructura, la técnica, la extensión, el sentido, el tema, la recepción, los límites, la ética, etc. Estos son algunos de ellos que por su brevedad, concisión, sentido e ingenio es pertinente tener en cuenta:

- "El cuento como una relación sexual es algo que quiere extenderse pero que debe concluir pronto"

- "El cuento puede ser un animal: la serpiente (siempre que ésta sea como un relámpago)".

-" El poder (o paradoja) de un relato: su brevedad".

- "Un mapa visible que recubre territorios invisibles" - Característica de la minificción -.

- "Hay relatos que explican y otros que exigen una explicación".

- "La sorpresa última puede ser lo dicho al comienzo o una salida inesperada. También una ausencia de sorpresa".

- "El principio que es la parte de mayor inseguridad para el autor debe proporcionar absoluta seguridad al lector".

- "La acción del narrador es una aguja que cose imágenes".

- "Lo periodístico se opone al cuento".

- "Mejor mientras menos muestra al autor; mejor mientras más permite reconocer a su autor".

- "Los cuentos de un autor representan las constantes de un pensamiento; pero cada texto guarda tales matices que siempre debe parecer escrito por un hombre distinto".

- "Lo más hondo del texto es aquello que el autor olvidó decir y que sin embargo está dicho". (Zavala, 1993: 61-65).

Teorías personales del cuento.

Alrededor del tema, muchos cuentistas y escritores han escrito sus propias teorías, la mayoría no de tipo analítico riguroso o semiótico, sino más bien opiniones personales, que según la propia experiencia, podríamos llamar orgánica, intuitiva y estética, es decir, desde el origen y desarrollo del cuento.

Uno de los maestros del relato moderno es Guy de Maupassant. En un fragmento del prefacio a Pierre et Jean (1888) expresa su propia concepción sobre "el objetivo del escritor". La meta del escritor dice, no es contar una historia para conmover o divertír, sino para hacer pensar y llevar al lector a entender el sentido oculto y profundo de los hechos. Tres elementos constituyen para Maupassant el proceso creativo: La observación, la intuición y la razón. "La meta del escritor es reproducir fielmente la ilusión de la realidad mediante el uso de todas las técnicas literarias a su alcance." (Zavala, 1993: 72)

Lauro Zavala en la recopilación que hace en su libro *Teorías de los Cuentistas* reúne a un buen número de ellos con fragmentos de sus obras, artículos o ensayos publicados muchos de ellos en diferentes revistas y libros relacionados con *The Short Stories*. Algunos de ellos escriben sobre la selectividad en los temas, el estilo, la visión de mundo que da el escritor a partir de su experiencia, como manifiesta Somerset Maughan: "Está bien que tenga una visión amplia ya que su tema es la vida en toda su plenitud; pero sólo puede verla con sus propios ojos, aprehenderla con sus propios nervios, corazón y entrañas; su conocimiento es parcial, pero distinto, porque pertenece a él y no a otro". (Zavala, 1993: 83).

Eudora Welty en *The reading and writing of short stories* (1949) expresa que todo buen cuento tiene un misterio, no del tipo del enigma, sino del misterio de la seducción. La forma del cuento, supone la autora, se da por evolución a través del acto de escribir: "La forma es el trabajo". Prosigue la autora que en el cuento moderno la forma no es tan importante, no implica necesariamente una estructura, como en el caso de D. H. Lawrence, cuyos cuentos están lejos de la perfección "helada" de los cuentos de Poe. Para Lawrence, lo trascendental se encuentra en los sentidos, igual que para Virginia Woolf, aunque en ella se encuentra la unidad del intelecto y los sentidos; en su escritura vemos que ella quería aprehender la realidad con estos dos elementos del conocimiento (Zavala, 1993: 178-189).

"Es posible que el énfasis principal de un cuento recaiga en las partes que lo conforman, en el personaje, la trama, el mundo físico o moral, la forma sensorial o simbólica". (Zavala, 1993: 186). Refiriéndose a Faulkner y su modo particular de utilizar el tiempo y el espacio con una especie de dificultad fantástica, Zavala anota que el resultado de ese manejo es la belleza que brota de la forma, del desarrollo de la idea y sobre todo de la supresión de lo innecesario, todo esto en concordancia con la sensibilidad del escritor.

Respecto del tema, Sean O'Faolan (Zavala, ver Sean O'Faolan) aduce que un cuento no es la anécdota, éste va más allá; por ejemplo Bocaccio, en el *Decamerón* más que la anécdota trabajó el comentario irónico sobre la naturaleza humana. En muchos casos la anécdota es la base del cuento, unas más sólidas que otras. La utilización de temas sencillos y la fuerza que expresan no procede de un complicado artificio, sino de la complejidad de la naturaleza humana que en forma inocente revelan, en el caso de Maupassant o Chejov. El cuentista moderno, dice el autor, no prescinde del incidente, ni de la anécdota sino que ha cambiado su naturaleza. En el cuento moderno hay aventura, pero es una aventura de la mente, hay suspenso pero es menos emocional y más intelectual, hay sorpresa, hay clímax, hay artificio, pero todos estos elementos relacionados con la época, la estructura o forma de pensamiento y el estilo.

Mario Benedetti en su ensayo *Tres géneros narrativos* (Zavala, 1993: 217) se refiere a la forma como los editores han establecido en una forma mecánica, la clasificación de la obras narrativas de acuerdo con el número de páginas. A un relato no mayor de veinte páginas se le denomina cuento. A una obra de cincuenta a ciento veinte páginas se le llama novela breve o *nouvelle o short story* y toda obra mayor de ciento cincuenta páginas pertenece a la novela. Quiroga anotaba que el cuentista tiene la capacidad de sugerir más de lo que dice, el cuentista sintetiza, el novelista analiza. (Zavala, ver Benedetti: 218).

Respecto de los límites de los géneros, Benedetti anota que en el presente los "géneros se interpenetran, no existen ya fronteras." Analiza el problema desde el punto de vista del creador; no se puede definir al cuentista como un narrador de poco aliento, ni al novelista como uno que escribe largo y tendido. Hay que tener en cuenta la actitud. La diferencia entre cuentos, nouvelle, novela, respecto de la actitud del escritor radica en que el cuento se sostiene en el detalle, la nouvelle narra un proceso, y la novela implica un orden, una metafísica particular, el máximo rigor está en su estructura o construcción de la obra. Otro aspecto que menciona Benedetti, respecto de estos géneros, es el ritmo particular que le da el escritor a su obra. "Por lo general el ritmo del cuento es tajante, incisivo, el relato se mueve a presión. El autor de novelas en cambio, tiende a lograr una tensión paulatina. El novelista, por último obedece a un ritmo más lento" (Zavala, 1993: 232).

Juan Bosh en su Apuntes sobre el arte de escribir cuentos (Zavala, ver Juan Bosh) señala en primera instancia, la intensidad de la vocación en el escritor. Para Bosh, un cuento es el relato de un hecho que tiene indudable importancia, no en el sentido de novedad o singularidad. Respecto de la técnica expresa que un buen escritor de cuentos requiere de años para dominar la técnica del género, que se adquiere más con la práctica que con estudios (Zavala, 1993: 259). "Cuento quiere decir llevar cuenta de un hecho". El que no sabe llevar con palabras la cuenta de un suceso no es un cuentista. Para el autor la diferencia entre un género y otro está en la dirección, la novela es extensa y el cuento es intenso. Una disciplina mental y emocional se requieren para el ejercicio del cuento. "Seleccionar la materia de un cuento demanda esfuerzo, capacidad de concentración y trabajo de análisis" (Zavala, 1993: 261). El manejo de la técnica no implica un final sorprendente, lo fundamental es mantener vivo el interés del lector, el final con sorpresa, no es condición imprescindible para el buen cuento. El cuento clásico comenzaba con el "Había una vez" o "Erase una vez", esto bastaba como conjuro introductorio para que el relator de cuentos mantuviera interesado a su auditorio. El cuento actual -propone Bosh- debe iniciarse con el protagonista en acción, física o psicológica, el principio no debe hallarse a mucha distancia del meollo mismo del cuento, a fin de evitar que el lector se canse (Zavala, 1993: 262). Esto hace referencia a la competencia narrativa, o capacidad que tiene el escritor para construir un texto. La entrada de un cuento, o primera frase, determina el ritmo y la tensión, el interés que debe atrapar al lector, orientarlo en la comprensión; es el denominado abstract o sumario (Argüello, 1992: 43).

Julio Cortázar en *Algunos aspectos del cuento*, artículo publicado en Casa de las Américas, define al cuento como "un caracol del lenguaje", hermano de la poesía y su muy conocido: "Mientras la novela gana por puntos, el cuento gana por *knockou*t". El cuento no tiene por aliado el tiempo, por lo tanto debe mantener una tensión interna, una densidad en el espacio, la acción y el tiempo que proporcionarán una unidad en la significación y la intensidad del relato.

Expresa Cortázar que en literatura no hay temas buenos ni malos, sino mal tratados y bien tratados y que generalmente los temas eligen al escritor y no el escritor a los temas; otorgándole de esta forma una especie de ánima a la literatura, la cual deberá descubrir el escritor con sus antenas sutiles, para convertirla posteriormente en arte.

El cuento es para el escritor una especie de sistema atómico, con un núcleo en torno al cual giran los electrones. "En literatura no bastan las buenas intenciones" -dice-, es necesario un oficio de escritor; aludiendo esto último al problema de la literatura frecuentemente confundida con la revolución, la pedagogía, el adoctrinamiento ideológico, que mediante la "fácil demagogia de exigir una literatura accesible a todo el mundo", limita las posibilidades de comprensión de una literatura y un arte más complejos, de mayor alcance. Dos cosas son imprescindibles en la poética de Cortázar respecto del cuento: una motivación entrañable, una profunda vivencia y el ejercicio del oficio reunidos en los instrumentos de expresión y estilística que hacen posible la comunicación de ese mundo interior.

Italo Calvino en su libro *Seis propuestas para el próximo milenio* escribe sobre sus obras *Las ciudades invisibles* y *Palomar*, constituidas por composiciones cortas con un desarrollo narrativo más reducido en forma de apólogo y poema en prosa. Expresa: "La longitud y la brevedad del texto, son, desde luego, criterios exteriores, pero yo hablo de una densidad particular que, aunque pueda alcanzarse también en narraciones largas, encuentra su medida en la página única" (Calvino, 1989:62).

2. Consideraciones teóricas acerca de los géneros literarios.

Es pertinente hacer algunas consideraciones teóricas e históricas respecto de los géneros literarios en vista de uno de los propósitos de este estudio: analizar la minificción como género.

Historia e institución

"Una corta paráfrasis de Aristóteles", llama Miguel Garrido Gallardo en su libro *Teoría de los Géneros Literarios* (1988) a la historia de la teoría genérica occidental. Advierte que Aristóteles en su *Poética,* lo que pretende en realidad es hacer una clasificación de las obras como objeto de la crítica literaria, más que una propuesta de las posibilidades de creación. La concreción histórica es la encargada de dar a los géneros su consistencia, establecimiento y origen. Así, para los griegos, la tragedia era considerada como el género "maduro" después de haber sufrido una evolución hasta alcanzar "su propia naturaleza".

A través de los siglos los géneros han sido materia de estudio de la teoría de la literatura. Garrido Gallardo expresa en la introducción al libro lo siguiente: "El género se nos presenta como un horizonte de expectativas para el autor; que siempre escribe en los moldes de la institución literaria aunque sea para negarla..." (Garrido Gallardo, 1988: 20). Y también para el receptor, el género sirve de orientación para conocer si el texto que va a leer es teatro, novela, poesía, cuento, ensayo, etc.; aunque esa orientación puede ser utilizada por el autor como elemento sorpresa, por ejemplo si en la novela que abrimos no hay ningún relato. Si se presentan esta clase de "extrañamientos", para llamar la atención, es indudable que las convenciones genéricas existen; y esta clasificación, va ligada a la historia de los vaivenes en los modelos estilísticos que tienen vigencia y, a la vez pueden desaparecer.

"Los géneros pues, remiten a coordenadas espaciotemporales" (Garrido Gallardo 1988: 21) respecto de la creatividad humana y la temporalidad de esa creación. Los autores que no siguen las reglas del género, pueden hacerlo porque las desconocen o porque están abriendo nuevos caminos; como en el caso de la minificción, que rompe con las reglas del cuento moderno en su extensión y su semiosis, para generar otro tipo de discurso literario, acorde con la época y su exigencia de síntesis. El hombre actual, acosado por el tiempo, por las distancias que lo devoran en las grandes ciudades, por la preponderancia de la imagen y la música, que ha dejado rezagado el género novela, se ve atraído por textos breves, capaces de hacer una explosión de sentido en unas pocas líneas, como esas cápsulas que guardan toda una reserva nutritiva en su interior.

Un rompimiento implica controversia. Si, como dice J. M. Diez Taboada, el género es una "institución":

es lógico que en ella se den, además del fundador que hace una primera obra modélica o pragmática, afiliados que sigan a la letra y escrupulosamente a ese fundador como modelo, perezosos que lo olviden, reformadores que lo pongan de nuevo en vigor, o lo adapten a circunstancias nuevas, detractores que lo critiquen, contradigan o parodien, buscando sus limitaciones; teóricas que en cada momento traten de fijar, a veces pedantemente, sus caracteres; aniquiladores que lo combatan y lo acaben, destruyéndolo o agotándolo; continuadores que recojan el prestigio de su nombre para nuevas realidades por ellos fundadas o que en época distinta pongan nuevos nombres a cosas que en fin de cuentas resultan semejantes que podrían ser llamadas con igual denominación.

J. M. Diez Taboada en Garrido Gallardo, 1988: 15).

Los géneros, además de ser un producto histórico social, lo son también de las posibilidades creadoras del hombre. La riqueza temática, la depuración de la expresión y la relación entre ellos serán las bases de la calificación del valor estético de la obra y la consideración del autor como genio. La genialidad puede originarse en forzar el código a nuevos mensajes no esperados hasta el momento, lo cual será percibido por el receptor como una desviación, aunque históricamente puede revelarse como la aparición de un género distinto (Garrido Gallardo, 1988: 25). Lo cual abre las clasificaciones por escuelas, generaciones, corrientes, movimientos, épocas, etc. En síntesis, el estudio de los géneros literarios está determinado por la creación individual, el componente lingüístico y el factor social.

Todorov opina que ocuparse de los géneros en nuestros días puede ser un pasatiempo ocioso y anacrónico. Afirma que un signo de auténtica modernidad en un escritor es no someterse ya a la separación en géneros (Todorov, en Garrido Gallardo, 1988). A propósito de Maurice Blanchot, dice al respecto que ya no existe intermediario entre la obra singular y concreta y la literatura como género porque la literatura moderna ha hecho de cada obra un interrogante sobre el ser mismo de la literatura: donde sólo importa el libro tal cual es, fuera de los géneros y clasificaciones, remitido únicamente a la literatura como esencia, afirmándose en ella, arrancando las distinciones y los límites. Sin embargo Todorov critica a Blanchot respecto de la interpretación de la historia a partir del yo-ahora-aquí y la posibilidad de una ilusión egocéntrica por parte del investigador; además, a pesar de que Blanchot en sus escritos demuestra la desaparición de los géneros, aparecen categorías semejantes a los géneros, como el relato y la novela. Plantea Todorov que "no son los géneros los que han desaparecido, sino los géneros delpasado, y han sido reemplazados por otros. Ya no se habla de poesía y prosa, de testimonio y de ficción, sino de novela, de relato, de lo narrativo y de lo discursivo, del diálogo y del diario" (Garrido Gallardo, 1988: 33).

Al existir una ley - la institución del género- es precisamente la transgresión la que la confirma como en el caso de Joyce al romper la forma novelesca, es precisamente esta característica la que hace que la obra perviva -al decir del mismo Blanchot- .

¿Cuál es el origen de los géneros? se pregunta Todorov. De otros géneros, contesta. "Un nuevo género es siempre la transformación de uno o de varios géneros antiguos: Por inversión, por desplazamiento, por combinación" (Garrido Gallardo, 1988: 34). Podríamos decir al respecto que la minificción viene del relato oral primitivo pasando por la epopeya, el apólogo, el exemplo, la novela y el cuento, desembocando en la síntesis narrativa actual, sin olvidar que ya desde la antigüedad esta forma de relato breve existía, como se ha expuesto en el primer capítulo, sólo que como elemento vivo de la historia, se ha venido modificando en su estructura, su extensión, su sentido y su lenguaje, apuntando al nacimiento de un nuevo género.

"Los géneros son pues, unidades que pueden describirse desde dos puntos de vista diferentes, el de la observación empírica y el del análisis abstracto (...). En una sociedad se institucionaliza la recurrencia de ciertas propiedades discursivas, y los textos individuales son producidos y percibidos en relación con la norma que constituye esa codificación. Un género, literario o no, no es otra cosa que esa codificación de propiedades discursivas" (Garrido Gallardo, 1988: 36). Todorov entiende esa "propiedad discursiva" como las propiedades o características que hacen que por ejemplo el soneto sea diferente a la balada en su fonología, la tragedia se opone a la comedia, por los elementos temáticos, etc. De acuerdo con esto último, la minificcción tiene propiedades discursivas que la diferencian del cuento, la prosa poética, el fragmento, el boceto, el grafitti, etc., relacionadas con la síntesis narrativa y la semiosis infinita. Respecto de la institucionalización del género, expresa que una sociedad elige y codifica los géneros de acuerdo con su ideología. "No es una casualidad que la epopeya sea posible en una época y la novela en otra, ni que el héroe individual de ésta se oponga al héroe colectivo de aquella: Cada una de estas opciones depende del marco ideológico en el seno del cual se opera" (Garrido Gallardo, 1988: 39).

La popularidad y auge del cuento corto se presenta como respuesta o reacción contra la avalancha de información de este fin de siglo. El imperio de la informática y la "velocidad" no solamente en los medios de comunicación, sino por el ritmo de las urbes que determinan una forma de existencia veloz, una era posmoderna:

La narración ultracorta, es, si no otra cosa, sintomática de una época en la que la velocidad lo es todo, en la que se admira el Concorde porque ahorra tiempo, y en la que nuestros ritmos han sido condicionados por programas que se interrumpen a intervalos de nueve minutos para dejar paso a los anuncios; una era de resúmenes y compendios que produce videos musicales de tres minutos, para adolescentes, a base de cortas concentraciones de atención; restaurantes de comidas rápidas, y divorcios en veinticuatro horas. ¿Hay quien ponga en duda que para el lector fatigado, acosado por la falta de tiempo, con docenas de cosas que disputan su atención, la narración ultracorta no es otra cosa que la versión literaria de un pico rápido de heroína? Y sin embargo puede ser un pinchazo potente, como la poesía, a la que se parece, porque la narración ultracorta exige comprensión y economía.

(Charles Johnson, en Shapard; Thomas, 1989: 247)

Desde este punto de vista, el relato breve como género literario está determinado por el contexto histórico y social en el cual se ha venido desarrollando. Hoy un poema épico sería anacrónico, pues los héroes de nuestra época se han convertido en antihéroes, personajes anónimos comprimidos en el tiempo y en el espacio, no sólo urbano sino existencial y, por supuesto narrativo. La rebeldía contra el esquema tradicional del cuento, con las descripciones extensas, el desarrollo de los personajes, ha abierto las puertas a la minificción, como una forma de relato que caracteriza la sociedad posmoderna escindida y fragmentaria. A propósito, es pertinente traer a colación la propuesta de Italo Calvino en *Seis propuestas para el próximo milenio* donde nos expresa su sueño de cosmogonías y epopeyas condensadas en un epigrama. Dice: "En los tiempos cada vez más congestionados que nos aguardan, la necesidad de literatura deberá apuntar a la máxima concentración de la poesía y del pensamiento." Anota que desearía preparar una antología de cuentos de una sola línea pero que hasta ahora no ha encontrado a otro que supere al cuento de Monterroso: "Cuando despertó, el dinosaurio todavía estaba allí."

¿Qué son los géneros?

Wolfang Raible, en el libro de Garrido Gallardo, formula una serie de conclusiones desde el punto de vista semiótico, para responder a la pregunta sobre el ser de los géneros, que tomaremos aquí, relacionando estas teorías como aproximación a una teoría genérica de la minificción. La primera conclusión tiene que ver con el género como convención. Las normas que constituyen un género adquieren validez al convertirse en convención. Por lo tanto, un texto como plasmación de un género, también es un modelo convencional que el hombre utiliza para identificar o clasificar. La constante evolución de estos modelos es un reflejo de la superación de lo existente (Garrido Gallardo, 1988: 311), teoría expresada anteriormente por Todorov.

Raible señala que la extensión puede variar dentro de unos límites de los diferentes géneros, pero son extensiones relativas; por ejemplo, novela significa en términos de extensión que es más larga que un cuento, pero hay novelas en las que se narran o se incluyen cuentos (El Quijote o El Libro del Buen Amor). Otra conclusión se refiere al "cierre" como característica genérica en la novela o el cuento. El elemento sorpresa está íntimamente relacionado con el elemento orden. La sorpresa no sería posible sin la existencia de un orden determinado que la haga verosímil. "Nuestro sistema lingüístico de signos no es más que un gran sistema de ordenación" (Garrido Gallardo, 1988: 314). El lector, gracias a este sentido de ordenación, puede integrar los diferentes elementos que conforman la cadena de significación, para construir unidades de sentido cada vez más complejas y más extensas, que dan coherencia al momento sorpresivo.

Es lo que sucede en la estructura de algunos relatos breves en los cuales no es la extensión del texto la que otorga la complejidad, sino al contrario, la condensación y la forma como están ordenadas las microunidades de sentido, que amarran o cierran el final, dándole el tono de sorpresa o final efectista que han llamado otros; veamos:

El cadáver

El cuerpo desnudo de la mujer asesinada estaba tendido en la mesa del anfiteatro. Antes de proceder a la necropsia el médico pasó la mano sobre el promontorio velludo y carnoso, y dirigiéndose a sus alumnos, dijo; es una lástima. Morir tan joven cuando tenía tanto que brindarle a la humanidad. El cadáver se ruborizó y cambió de posición.

Roberto Montes Mathieu (Díaz; Parra, Breve teoría y antología del minicuento latinoamericano, 1993: 88)

Otra conclusión de Raible, tiene que ver con la reducción de las posibilidades interpretativas a que un texto es sometido por pertenecer a un género. En el sentido de que estudiar una obra como representante de un género, significa emplazarla dentro de una serie de obras análogas respecto a un precedente (Garrido Gallardo, 1988: 321). Por este motivo, aduce Raible, el género es de gran importancia para la interpretación del texto, en cuanto constituye una información acerca de los rasgos que lo configuran. El receptor que conozca los rasgos genéricos de la minificción, como la síntesis narrativa, el sentido implicado, el símbolo, etc. podrá asimilar mejor el sentido del texto.

La competencia genérica.

El concepto de competencia genérica que se expondrá aquí procede de Marie- Laure Ryan. Se trata de apartes de su libro *Hacia una teoría de la competencia genérica*, capítulo del libro de Garrido Gallardo. A partir de las opiniones difundidas en la semiótica literaria según la cual el texto literario es un "sistema de signos", estableciéndose así una analogía entre la literatura y la lengua, y en segunda instancia, que la literatura es un sistema "semiótico secundario", estableciéndose una relación de dependencia entre las dos, es decir, reduciendo el ser de la literatura a la lengua, la autora anota lo siguiente: "Si ha de establecerse la noción de competencia como fundamento de una teoría literaria rigurosa, debería ser posible decidir cuáles de las reglas que sirven para producir o interpretar un texto literario pertenecen a la competencia literaria y cuáles caen dentro del ámbito de la competencia lingüística" (Garrido Gallardo,1988: 255). Añade que si la analogía entre lengua y literatura ha de mantenerse en el desarrollo de la teoría lingüística, el concepto de texto literario como sistema de signos ha de cambiarse por el de competencia literaria, a partir de un conjunto de reglas y la tarea del teórico consistirá, en la descripción de principios que proporcionen a los escritores la producción de textos literarios y, a los lectores la posibilidad de interpretar y evaluar esas obras (recepción). Al respecto podríamos decir, que una competencia literaria relacionada con la definición genérica de la minificción, tiene que ver con los componentes discursivos, sintácticos y especialmente con el sentido implicado -o el llamado "silencio" al que alude el escritor Raúl Brasca - que es uno de los rasgos puntuales para la emisión y la recepción en este género.

El análisis general que desarrolla Marie-Laure Ryan, acerca de la competencia genérica, explora los sectores en los cuales se pueda comprobar, que se aplican las reglas genéricas. Para definir las categorías genéricas, parte de tres requisitos:

"1. Una serie de reglas pragmáticas que digan có-mo debe usarse comunicativamente un texto de un género dado.

2.   Una serie de reglas semánticas, que especifi-quen el contenido mínimo que debe ser compar-tido por todos los textos de un mismo género.

3.   Una serie de requisitos relacionados con el nivel de superficie, que definan las propiedades verbales de los géneros, como son sus particula-ridades relativas a la sintaxis, léxico, fonología y presentación gráfica." (Garrido Gallardo, 1988: 266)

Algunos de estos requisitos se desarrollarán en el tercer y cuarto capítulos de este estudio, aplicados al análisis de textos concretos, en especial lo relacionado con las reglas semánticas y sintácticas.

Aspectos genéricos de la recepción.

En los últimos años se ha venido desarrollando una teoría acerca de la estética de la recepción. Wolf-Dieter Stempel en su obra *Aspectos genéricos de la recepción* (ver Garrido Gallardo, 1993: 240) se refiere a la teoría estética y literaria desarrollada por Mukarovsky en la cual la obra literaria no se toma como una unidad, sino que se toma escindida en dos estados: el "texto-cosa" o "artefacto" que representa la obra en su aspecto material y el "objeto estético", producto de la concreción de la obra por el lector que de acuerdo con los códigos de su época le atribuye un sentido (Garrido Gallardo, 1993: 238). Aplicados los anteriores conceptos a la minificción o relato breve, referidos al discurso literal y el sentido implicado, se puede anotar que, por su carácter polisémico, la minificción ofrece múltiples lecturas e interpretaciones determinadas por los códigos socioculturales y estéticos del receptor que finalmente completará o dará concreción al texto.

Barthes al proclamar el nacimiento del lector (receptor) como el destinatario donde confluye y se clarifica el sentido total de un texto, da muerte al autor: "El lector es el espacio mismo en que se inscriben, sin que se pierda ni una, todas las cifras que constituyen una escritura; la unidad del texto no está en su origen, sino en su destino." (Barthes, 1987: 71)

Al respecto expresa Stempel, refiriéndose al plano histórico, la literatura de vanguardia de la época moderna ha encontrado dificultades en la recepción al desconcertar al público, tildándola de "extraña". Pero si el contacto entre texto y lector se ha restablecido es porque ha sido posible establecer un puente entre el producto artístico y la experiencia del receptor. Veamos este breve texto de Kafka:

La verdad sobre Sancho Panza

Sancho Panza - quien, por otra parte, jamás se jactó de ello- , en las horas del crepúsculo y de la noche, en el curso de los años y con la ayuda de una cantidad de novelas caballerescas y picarescas, logró a tal punto apartar de sí a su demonio -al que más tarde dio el nombre de Don Quijote- que éste, desamparado, cometió luego las hazañas más descabelladas. Estas hazañas sin embargo, por faltarles un objeto predestinado, el cual justamente hubiese debido ser Sancho Panza, no perjudicaron a nadie. Sancho Panza, un hombre libre, impulsado quizá por un sentimiento de responsabilidad, acompañó a Don Quijote en sus andanzas, y esto le proporcionó un entretenimiento grande y útil hasta el fin de sus días.

Franz Kafka (Magazin Dominical, El Espectador, Nº 393 1990: 19)

El receptor que lea este cuento debe traer pre-saberes para la comprensión del relato. Primero que todo deberá saber que es un intertexto de *El Quijote*, una variación que los escritores manejan como técnica o artificio de los personajes literarios, míticos, históricos, es decir de los arquetipos de la humanidad. Para no perder o tergiversar el sentido del texto, el lector a partir del Sancho cervantino, asimilará la fantasía, transposición o nuevo rol actancial que le confiere Kafka, elevándolo a la categoría de creador que da vida a su propio héroe, - Don Quijote- , mezclando la realidad con la ficción de la novela de Cervantes. Aquí la competencia literaria del lector y del escritor son equivalentes. La experiencia del lector completa el sentido de la obra del autor.

El texto, al sufrir cambios en la configuración semiótica, requiere igualmente de una preparación o capacidad de interpretación, por parte del lector para establecer ese juego de correspondencias secretas, que pongan en comunión al texto con la experiencia del lector. Así, en el texto breve contemporáneo especialmente aquellos alegóricos, simbólicos, los que manejan una fina ironía, relacionados con hechos y personajes históricos, en especial los de Borges, exigen una clase de lector especializado que sea capaz de desentrañar esa semiosis infinita, determinada como se expresó anteriormente por el sistema de códigos colectivos (lingüísticos, literarios, socio-culturales, etc.) que definen el entorno histórico del receptor. La escritura de Borges exige un receptor intelectual y erudito dispuesto a explorar el sentido de su obra, habitada por artificios semánticos y estructurales, por símbolos e ironías, personajes de la historia universal y local. Su técnica de contar dos historias alternas, una implícita y otra explícita, la manera particular de manejar tiempo y espacio "introducen en un laberinto" al receptor ingenuo. Borges al igual que Kafka escriben para un lector especializado. Por lo tanto la recepción de este tipo de relatos puede caer entre la riqueza del lector que completa el sentido - como la parábola de la semilla de mostaza- o el lector que se aburre al no encontrar el esquema narrativo "fácil" en el cual se han desarrollado sus lecturas. Al respecto, Rodrigo Argüello, en *Muerte del relato metafísico* plantea cómo este tipo de relato, que demanda una alta competencia narrativa, ha sido aplastado por el vertiginoso auge de los medios masivos de comunicación, en los cuales el receptor hace una lectura mecánica, desprovista de "lo metafórico", donde lo que interesa es el efecto, lo espectacular, "la velocidad" y "la fragmentación" del texto, características modernas y posmodernas. (Arguello, 1994:79)

La importancia del papel de los géneros en la recepción, radica en informar al lector sobre la manera como deberá comprender el texto. Pero Stempel va más allá. Analiza la brecha que existe entre la teoría de los modos propuesta por Scholes, concebidos como "tipo ideal", único en la literatura ficcional y su relación con el mundo de "lo real" o experiencias del receptor. Estos modos o cualidades son puestos en práctica para condicionar de una u otra manera al lector. Pero añade el autor que las llamadas "cualidades metafísicas" del arte, como lo sublime, lo grotesco, lo trágico, lo incomprensible, etc. no están solamente limitadas al arte sino que se vinculan a ciertas experiencias de la vida cotidiana, no hay inconveniente en colocarlos entre los factores que son la conexión íntima entre la vida y el arte (Garrido Gallardo, 1993: 249).

En síntesis, Stempel expresa que los modos se evidencian a través de los modelos, entre ellos existe una solidaridad por su función como servidores del conocimiento; pero que en ocasiones existe la tendencia en las teorías que buscan dar cuenta del funcionamiento del texto literario, a establecer una relación de causa a efecto entre ciertas propiedades semánticas de la obra y, la actividad del lector que se supone deberá realizar operaciones para fijar el mensaje del texto y hacerlo más completo; actividad que además de ser semántica es de carácter estético pues el receptor busca un sentido en la obra, además ésta debe tener un atractivo que mantenga su interés (Garrido Gallardo, 1993: 250). Es así que la minificción por sus características de síntesis narrativa y riqueza sémica, no puede ser reducida a una simple relación de causa-efecto en su sentido, sino que además consta de una estructura sintáctica, un sentido literal y otro implicado, ciertos rasgos estéticos en la escritura y, el significado, para lograr el efecto de asombro que atraiga al receptor.

3. La epifanía como perfil genérico de la minificción.

Luego de las anteriores consideraciones acerca de los géneros literarios, nos detendremos a analizar "la proyección epifánica del cuento contemporáneo expuesta por Lida Aronne en América en la encrucijada entre mito y razón,1976. El carácter epifánico del relato breve está marcado por diversos aspectos que han señalado diferentes autores, si no con la misma denominación, sí con el mismo contenido cualificador del cuento contemporáneo. Señalemos algunos rasgos que la autora anota para delimitar el género y, veamos cuáles de ellos perfilan nuestro objeto de estudio y nos ayudan a definirlo:

"1.   Es una composición narrativa de carácter inminentemente literario". Literario en el sentido estético, como ya lo hemos expresado; es decir, la minificción va más allá de la anécdota o el chiste, pues exige una alta competencia narrativa.

"2. Es una narración distinta de la novela". Por cuanto está construido en forma económica, cada uno de sus elementos tienen un sentido preciso relacionado con los demás. Más arriba ya se ha aludido al tema de la extensión en los géneros.

"3. Es un relato que al igual que el cuento maravilloso, admite elementos no racionales de toda índole"; lo fantástico como lo simbólico y lo onírico son las constantes del cuento breve que en el siguiente apartado demostraremos y analizaremos.

"4. Es un relato distinto del relato popular o folclórico"; distinto por cuanto el relato popular tiene un desarrollo lineal y directo, en tanto que el cuento epifánico tiene una estructura laberíntica, llena de elipsis y artificios que obligan al lector a hacerse partícipe en la construcción del sentido en el texto. "

5. Es una composición en prosa que, sin embargo, está en más de un sentido, grávida de lirismo". Este tipo de relato contemporáneo, por su brevedad y condensación está cargado de una intensidad afectiva que logra la tensión a partir de un yo que incluye el yo del lector, haciéndose colectivo.

"6. Es una estructura centrípeta por excelencia; es decir, su referencialidad se halla subordinada a una estructura arquetípica de la que deriva su sentido". Pero es también centrífuga, respecto del sentido externo o figurado o polisémico, destinado a la recepción.

"7. Es un relato que utiliza el marco habitual del tiempo para destruirlo y reconstruirlo a través de su confrontación con el orden atemporal". Esto como producto de la síntesis narrativa que toma la elipsis como un efecto estético determinante.

"8. Es una organización de personajes y situaciones arquetípicas; que apunta a lo inconsciente colectivo". Por eso los personajes de estos relatos son anónimos, "N. N." o arquetipos históricos re-creados.

"9. Es una estructura simbólica, abierta que exige la participación energética, total y constante de la psique receptora, de la cual depende la "instauración del sentido final", nunca explícito"(Aronne, 1976: 72,73).

Como se señala en el numeral 4, el cuento contemporáneo exige de un receptor atento, consciente, conocedor de artificios literarios y con alta competencia simbólica. Reproducimos aquí un esquema comparativo elaborado por Lida Aronne que nos sintetiza la definición del género.

Novela Burguesa	**Cuento epifánico**
Extensa	Relativamente breve
Lenta y compleja	Rápido y unívoco
Acumulativa	Elíptico
Histórica	Atemporal
Racional	Mágico
Dramática	Lírico
De valor referencial, ante todo de proyección social.	De referencia inmediata secundaria, de proyección.
Ante todo de proyección social.	cultural arquetípica

Descriptiva de un sentido	Instaurador de un sentido
Cuento tradicional	**Cuento epifánico**
Lineal	Laberíntico
Denotativo	Connotativo
Alegórico	Simbólico
Extravertido (apunta a hechos).	Introvertido (crea clímax interior).
Centrífugo	Centrípeto
Explícito	Ambiguo
Dramático	Lírico
Espontáneo	Tenso (crea suspenso).
Muestra lo natural y lo extraño.	Muestra lo natural y lo extraño.
En armonía	En colisión
En el universo	Dentro del hombre

Relato realista **Cuento epifánico**	**Cuento tradicional y**
Estructura descriptiva.	Estructura simbólica.
Perspectiva empírico-racionalista.	Visión mágico- intuítiva.
Afirmación de lo individual	Afirmación de lo colectivo.
Predominio de referencia inmediata.	Predominio de referencia universal
Personajes históricos	Tipos arcaicos de la a cultura.

Realidad natural   Realidad sobrenatural
Convencionalismos   Arquetipos
Moral   Religiosidad primaria

(Aronne, 1976:76)

En los siguientes apartados analizaremos algunos de estos rasgos, implícitos unos y explícitos otros, a partir del *corpus* de textos seleccionados para este propósito.

Aproximaciones teóricas para una definición de la minificción

Si tenemos en cuenta las clasificaciones y definiciones, los nuevos cánones que hasta ahora se han realizado por parte de especialistas e investigadores/as, que han denominado a estas breves narraciones, *minicuento, microrrelato, cuento corto, microcuento, cuento ultracorto, y minificción,* respecto a su extensión, su carácter híbrido y proteico; las marcas de humor, ironía, intertextualidad, metaficción, sentido implícito, parodia, etc; a propósito de esta taxonomía, que es necesario establecer, para el desarrollo de este trabajo, (hago la aclaración que hay varios críticos e inves-

109

tigadores que no hacen tal diferenciación); la investigadora Dolores Koch, anota lo siguiente:

"Algunas minificciones son muy conocidas como el poema en prosa, la anécdota, la viñeta, la parábola, el aforismo, el epigrama, y otro tipo de minificciones que son inclasificables como ciertos juegos de palabras ". Respecto del minicuento expresa que: " por breve que sea, consta, al igual que el cuento, de una exposición o introducción, una situación conflictiva y un desenlace; sobre el micro-relato, anota la autora algunas características que lo diferencian del minicuento y la minificción: "la transgresión o fusión de géneros; un desenlace ambivalente o elíptico; alusiones literarias, bíblicas, míticas, históricas; rescate de fórmulas de escritura antigua, fábulas o bestiarios.

Por otra parte, la autora expresa que hay una diferencia entre minicuento y microrrelato. El microrrelato, -dice- es un tipo de relato extremadamente breve, se diferencia del cuento, en que carece de acción, de personajes delineados, y en consecuencia, de momento culminante de tensión (...) No se ajusta a las formas breves de la narración tradicional como la leyenda, el ejemplo, la anécdota.(Koch, en Rojo, Violeta, 1997:19)

Edmundo Valadés, conocido cuentista, destaca que su mínima pero difícil composición, que exige inventiva, ingenio, impecable oficio prosístico y, esencialmente, impostergable concentración e inflexible economía verbal . La minificción no puede ser poema en prosa, viñeta, estampa, anécdota , ocurrencia o chiste. Tiene que ser ni más ni menos, eso: minificción. Y en ella lo que vale o funciona es el incidente a contar. El personaje, repetidamente notorio, es aditamento sujeto a la historia, o su pretexto. Aquí la acción es la que debe imperar sobre lo demás. (Rojo: 1997:21)

La revista Zona, en su manifiesto del minicuento expresa:

Concebido como un híbrido, un cruce entre el relato y el poema, el minicuento ha ido formando su propia estructura (...) La economía del lenguaje, es su principal recurso, que revela la sorpresa o el asombro. Su estructura se parece cada día a la del poema. La tensión, las pulsaciones internas, el ritmo y lo desconocido se albergan en su vientre para asaltar al lector y espolearle su imaginación.

Narrado en un lenguaje coloquial o poético, siempre tiene un final de puñalada (...). El minicuento está llamado a liberar las palabras de toda atadura. Y a devolverle su poder mágico, ese poder de escandalizarnos. (Ibid, 23)

La mayoría de los estudiosos del género, están de acuerdo en el carácter proteico e híbrido de estos textos. Se supone que la minificción ha heredado algunas características del cuento. Sin embargo, éste tiene unas características que lo definen: es más breve de lo normal, pues existe un consenso entre críticos al señalar que el cuento tradicional está entre las dos mil y las treinta mil palabras. El investigador Lauro Zavala, propone denominar de acuerdo a su extensión, cuentos cortos, muy cortos y ultracortos. Estos últimos no rebasan las 200 palabras.(2005:40)) También se ha comparado a la minificción con el iceberg, del cual sólo se ve una pequeña parte que vendría a ser lo enunciado, mientras la base de la historia está en el sentido implicado relacionado con las referencias intertextuales.

Para el escritor Raúl Brasca el microcuento es una forma muy breve que posee suficiencia narrativa y cuyas principales características son la concisión la intensidad expresiva. (www.cuento en red.org/cer/vol1n°1/Brasca)

Lo cierto es que, hasta el momento, cada día aparecen novedades estilísticas de la brevedad, no solamente por parte de los investigadores, sino de los autores mismos que llaman a sus libros y a sus textos con nombres muy particulares, engrosando así, la familia de este tipo de literatura.

IV. CARACTERÍSTICAS DE LA MINIFICCIÓN

Rasgos posmodernos en la minificción

Las obras literarias son la expresión fiel de la época y el contexto en la cual se producen. Francisca Noguerol, investigadora española ha extractado los rasgos más significativos relacionados con este género literario y el pensamiento posmoderno, y expresa que hay una coincidencia cronológica entre la formalización del pensamiento posmoderno (años sesenta, con especial relevancia en los setenta y ochenta) y la aparición del microrelato como categoría diferenciada del cuento tradicional. (Noguerol,1996:53) La autora hace alusión a un escepticismo radical, consecuencia del descreimiento en los metarrelatos y en las utopías. Para demostrar la inexistencia de verdades absolutas, se recurre frecuentemente a la paradoja y el principio de contradicción. (Ibid, 53)

Veamos este texto de Enrique Anderson Imbert en el que se refleja que nada es verdadero, al enunciar las distintas explicaciones generadas por un mismo mito.

Conversación sobre Io

Tiresias: Zeus vio a Io paseándose a orillas del río, la acosó y, cuando ella se metió en un bosquecillo, la sedujo. Después, para que no descubrieran su amorío, transformó a Io en una hermosa vaca blanca.

Penteo: No. Io siguió siendo una hermosa muchacha. Por envidia, las gentes la maltrataron y, para insultarla, inventaron la leyenda de que era una vaca cualquiera. Erictonio: Al contrario, Io siempre fue una vaca. ¡Zeus no se quedaba en chiquitas! Pero las gentes, por respeto a Zeus, imaginaron que cuando la poseyó fue porque tenía formas de muchacha.

Evémero: De lo no lo sé, pero para mí que Zeus fue un hombre.

Anderson Imbert (Ibid, 53).

Textos ex - céntricos que privilegian los márgenes frente a los centros canónicos de la Modernidad, lo cual ha permitido una experimentación con los temas, personajes, registros lingüísticos y formatos literarios:

El sabor de una medialuna a las nueve de la mañana

En un viejo café de barrio donde a los 97 años Rodolfo Mondolfo tadavía se reúne con sus amigos los miércoles a la tarde.

Qué bueno

Luisa Valenzuela. (Ibid, 55)

En este caso la autora crea un título más extenso que el texto que lo anuncia rompiendo con las formas tradicionales de la expresión.

Golpe al principio de unidad, por el que se defiende la fragmentación frente a los textos extensos y se propugna la desaparición del sujeto tradicional de la obra artística:

La que no está

Ninguna tiene tanto éxito como La que No Está. Aunque todavía es joven, muchos años de práctica consciente la han perfeccionado en el sutilísimo arte de la ausencia. Los que preguntan por ella terminan por conformarse con otra cualquiera, a la que toman distraídos, tratando de imaginar que tienen entre sus brazos a la mejor, a la única, a La que No Está.

Ana María Shua (Casa de geishas, 1992: 31)

Obras abiertas que exigen la participación activa del lector; el desentrañamiento de su significado, expresa la autora que los autores posmodernos no sienten necesidad de explicar sus alusiones. Estos textos están llenos de sobre-entendidos o implícitos que en muchas ocasiones son trampas para los lectores, como especie de disfraces de los nuevos mensajes.

La oveja negra

En un lejano país existió hace muchos años una oveja negra.

Fue fusilada.

Un siglo después, el rebaño arrepentido le levantó una estatua que quedó muy bien en el parque.

Así, en lo sucesivo, cada vez que aparecían ovejas negras eran rápidamente pasadas por las armas para que las futuras generaciones de ovejas comunes y corrientes pudieran ejercitarse también también en la escultura.

Augusto Monterroso, (Obras completas y otros cuentos. 1991:23)

Otros rasgos a los cuales se refiere la autora son el Virtuosismo intertextual, reflejo del bagaje cultural del escritor por el que se recupera la tradición literaria en el homenaje al pasado (pastiche) y la revisión satírica de éste (parodia); y el recurso frecuente del humor y la ironía.

A su vez, la investigadora venezolana Violeta Rojo, propone las siguientes características para nombrar al minicuento: Brevedad extrema, economía de lenguaje y juego de palabras, representación de situaciones estereotipadas que exigen la participación del lector, carácter proteico. Define de esta manera el minicuento:

El minicuento es una narración sumamente breve (no suelen tener más de una página impresa), de carácter ficcional, en la que personajes y desarrollo accional están condensados y narrados de una manera rigurosa y económica en sus medios y a menudo sugerida y elíptica. El minicuento posee carácter proteico, de manera que puede adoptar distintas formas y suele establecer relaciones intertextuales tanto con la literatura (especialmente con formas arcaicas) como con formas de escritura no   consideradas literarias.(Rojo, Violeta: 1997: 116)

También, Lauro Zavala, señala otros elementos característicos:

1.Diversas estrategias de intertextualidad (hibridación genérica, alusión, citación y parodia). (Zavala,2005:50)

Silencio de las sirenas

Cuando las sirenas vieron pasar el barco de Ulises y advirtieron que aquellos hombres se habían tapado las orejas para no oírlas cantar (¡ a ellas, las mujeres más hermosas y seductoras!) sonrieron desdeñosamente y se dijeron: ¿Qué clase de hombres son éstos que se resisten voluntariamente a las Sirenas? Permanecieron , pues, calladas, y los dejaron ir en medio de un silencio que era el peor de los insultos.

Marco Denevi (Zavala, Relatos vertiginosos, 2000:144)

2. Diversas clases de metaficción (en el plano narrativo, construcción en abismo, metalepsis, diálogo con el lector; en el plano lingüístico: juegos de lenguaje(Zavala, 2005:51)

Final

Me pregunto si alguno de ustedes se cuestiona acerca de por qué están aquí, frente a estas páginas, conteniendo los bostezos al verme transitar por estas historias que son como pedacitos de muerte. Me pregunto si acaso no se sentirán como personajes sin rumbo, atascados entre las fisuras de una mala novela.

Rigoberto Rodríguez(Antifábulas y otras brevedades, 2004:93)

3.. Diversas formas de ambigüedad semántica (final sorpresivo o enigmático)(Ibid,)

En el insomnio

El hombre se acuesta temprano. No puede conciliar el sueño. Da vueltas, como es lógico, en la cama. Se enreda entre las sábanas. Enciende un cigarrillo. Lee un poco. Vuelve a apagar la luz. Pero no puede dormir. A las tres de la madrugada se levanta. Despierta al amigo de al lado y le confía que no puede dormir. Le pide consejo. El amigo le aconseja que haga un pequeño paseo a fin de cansarse un poco. Que en seguida tome una taza de tilo y que apague la luz. Hace todo esto pero no logra dormir. Se vuelve a levantar. Esta vez acude al médico. Como siempre sucede, el médico habla mucho pero el hombre no se duerme. A las seis de la mañana carga un revólver y se levanta la tapa de los sesos. El hombre está muerto pero no ha podido quedarse dormido. El insomnio es una cosa muy persistente.

Virgilio Piñera.(Dos veces bueno, 1996:19)

4.Diversas formas de humor (intertextual, y de ironía .)(Ibid,)

El delirio de pequeñeces

Al sufrir la crisis de micromanía, el atacado de delirio de pequeñeces es obsesionado por cuestiones cada vez más insignificantes, como el control de los horarios de trabajo, las normas del vestuario y las cuestiones de estilo. Poseído por ideas progresivamente ínfimas sobre asuntos cada vez más irrelevantes, el paciente se lanza a verdaderos ensueños en los que se representa como totalmente desprovisto de importancia. El rasgo grave del delirio de pequeñeces es que siempre corresponde a la realidad.

Luis Britto García.(Zavala, Relatos vertiginosos, 2000:107)

Por otra parte, Zavala desarrolla seis propuestas para la minificción: brevedad, pues en general, los textos extremadamente breves, han sido los más convincentes en términos pedagógicos en la historia de la cultura; diversidad, ya que en todos los estudios sobre minificción hay coincidencia en el reconocimiento de que su característica más evidente es su naturaleza híbrida, no sólo en su estructura interna, sino también en la diversidad de géneros a los que se aproxima; complicidad, pues según el autor, todo acto nominativo es un acto fundacional. La responsabilidad de fijar un nombre a un género proteico, ha generado una enorme diversidad de términos y diversas formas de complicidad entre lectores y textos; fractalidad, en la actual época la fragmentariedad no es sólo una forma de escribir una totalidad a partir de fragmentos sino también y sobre todo una forma de leer; fugacidad, respecto de la dimensión estética de la minificción y la cantidad de estudios especializados, publicaciones y concursos que se registran a nivel editorial y académico; virtualidad, ya que las minificciones son el género más característico de este milenio que maneja características de descentramiento de la escritura textual.(Zavala:2005:58-71)

III. OTRAS CONSTANTES DE LA MINIFIC-
CIÓN

1. La ironía.

El origen de la ironía en la literatura se remonta hasta la antigua Grecia con Platón y Sócrates. Cobró legitimidad con los romanos, con los rapsodas y poetas de la época, en especial con Horacio. En la Edad Media la ironía marcó el estilo de los exemplos y posteriormente pasó a Inglaterra y Alemania, en la escritura de los románticos, y actualmente "la ironía permanece como un factor fundamental en la literatura contemporánea, en la crítica literaria y en la teoría" (Tittler, Jonathan,1990: 11).

La ironía es una paradoja semántica que consiste en burlarse fina y disimuladamente de una cosa que en apariencia se alaba. Como efecto estético es una forma de sugerir significados, que a diferencia del humor descompone la unidad contraponiendo los opuestos. La ironía es un valor estético utilizado frecuentemente en el relato breve y en la minificción; se le puede encontrar en forma magistral especialmente en Monterroso, Arreola y en general en la escritura de Borges. García Márquez es considerado como la encarnación de la ironía. En su tratado, Jonathan Tittler considera al autor de Cien años de soledad como un ironista consumado que ha atravesado la ironía en sus obras, desde el humor, el nihilismo y la reflexión. En este breve relato, se puede apreciar la maestría y el talento del escritor:

Un caballero llevaba en el bolsillo del pecho un libro de reciente aparición. Cuando alguien le hizo un disparo a quemarropa fue conducido al hospital, donde se constató que el agredido gozaba de perfecta integridad física. El proyectil no había alcanzado a atravesar el libro. Un crítico literario comento: 'Claro, si es uno de esos libros invulnerables. Ni siquiera una bala alcanza a pasar del segundo capítulo.

Gabriel García Márquez (Magazín Dominical, El Espectador, Nº 393,1990: 19)

En la frase final, entrecomillada, esta resumida la ironía en forma de dualismo. El sentido de invulnerabilidad es de doble filo. La segunda proposición es una antinomia o dicotomía respecto de la primera, condición necesaria en la ironía. Semánticamente la ironía funciona en torno al doble sentido, desde este ángulo es un efecto estilístico doble que rompe con las expectativas del lector. Muchas veces el ironista se convierte en eufemista, prefiere lanzar la ofensa en forma suave, disimulada; veamos este relato de Cortázar:

Conservación de los recuerdos

"Los famas para conservar sus recuerdos proceden a embalsamarlos en la siguiente forma: Luego de fijado el recuerdo con pelos y señales, lo envuelven de pies a cabeza en una sábana negra y lo colocan parado contra la pared de la sala, con un cartelito que dice: "Excursión a Quilmes" o "Frank Sinatra".

Los cronopios, en cambio, esos seres desordenados y tibios, dejan sus recuerdos sueltos por la casa, entre alegres gritos, y ellos andan por el medio y cuando pasa corriendo uno, lo acarician con suavidad y le dicen: "No vayas a lastimarte", y también: "Cuidado con los escalones". Es por eso que las casas de los famas son ordenadas y silenciosas, mientras en la de los cronopios hay gran bulla y puertas que golpean.

Los vecinos se quejan siempre de los cronopios, y los famas mueven la cabeza comprensivamente y van a ver si las etiquetas están todas en su sitio."

Julio Cortázar (Magazín Dominical, El Espectador, Nº 383, 1990: 5)

Es tan fina la ironía trabajada por Cortázar en este relato, que esa aparente ternura en la descripción, logra el efecto contrario. Podría llamársele a esta forma de ironía "humilde", tal como la denomina Keneth Burke: "La verdadera ironía, la ironía humilde, está basada en un sentido de fraternidad fundamental con el enemigo, tal como uno lo necesita, está endeudado con él, no está del todo fuera de él" (1994:14). La manera como se refiere Cortázar a los famas adquiere un tono entre poético y sarcástico, no es el ironista mordaz e incisivo con el uso del lenguaje en su forma y su sentido. Aquí la ironía no tiene la dicotomía entre las proposiciones como en el ejemplo anterior, sino entre el contraste de los personajes y sus costumbres, mientras en el cuento de García Márquez el ironista es el narrador; en el caso de los famas y los cronopios, son ellos mismos como personajes, en su naturaleza, los que encarnan la ironía.

La ironía requiere de un lector irónico, es decir un lector atento que tenga la capacidad de entender la ironía. Jonathan Tittler divide la ironía en objetiva y subjetiva. A la vez esta ironía objetiva se subdivide en ironía intencional y accidental. La intencional vendría a ser aquella en la cual el sentido literal no tiene consonancia con el discurso de quien habla y, la accidental tiene que ver con una circunstancia paradójica como en el siguiente ejemplo:

Uno más

El cuento era tan real que la escritora pasó a ser un personaje más

Blanca Estela Domínguez Sosa (Díaz; Parra, 1993: 8)

La ironía es una negación que se oculta tras la seriedad de lo dicho. La ironía es disonancia. Esto supone asignarle a la ironía una naturaleza dialéctica. En el siguiente ejemplo, lo irónico es parte de lo cómico y de lo absurdo, la ironía se da en el diálogo entre los personajes y las circunstancias; el mismo título "Sabiduría" completa el sentido irónico del texto:

Sabiduría

El joven discípulo preguntó al maestro:

-Maestro, ¿qué cosas son eternas?

-La muerte es eterna- dijo el maestro - entonces el joven se suicidó, porque quería vivir eternamente."

Benhur Carmona Caro (Bustamante; Kramer, Antología del cuento corto colombiano, 1994: 47)

Se podría decir que este ejemplo de minificción es una especie de silogismo de la ironía en el cual, a partir de dos proposiciones: la muerte y la eternidad, la conclusión a pesar de ser lógica en su construcción, en su literalidad y en su sentido implicado es absurda. A propósito, anota Palante (citado por Tittler) el principio generador de la ironía es un dualismo que toma diferentes modos de dicotomías o antinomias, como pensamiento o acción, lo ideal y lo real, la inteligencia y la emoción, etc. Anota que "como con la discordancia irónica no es claro si esta dualidad está localizada en la conciencia, en el mundo o en ambos; el binarismo omnipresente puede ser no mucho más que la proyección del pensamiento occidental". Es decir, el escritor irónico traslada su ironía a los sucesos, dependiendo de cómo se sitúa él en la realidad como sujeto y, cómo observa al objeto de su ironía en la realidad.

En el siguiente relato, la ironía se encuentra en los acontecimientos o circunstancias. Esta clase de ironía en la narrativa, llamada accidental, se refiere a un hecho paradójico, contrario a las expectativas y a la razón misma:

El niño que se llenó de ira

Mamá acostó al nené niñitobonito formalito cariño de mamá va a dormir con los piecitos tapaditos (el nené mira estúpidamente) porque si los niños no se tapan los piecitos viene un ratón grande y se los come. En realidad el niño no entendía la palabra gripe y para la madre era mejor ser más gráfica. Pero el nené empezó a chillar como loco, pataleó y arrojó las cobijas llenándose de lágrimas y de mocos hasta que mamá le dio una palmada y se fue a acostar. A las seis a.m. (los lecheros siempre llegan a esa hora) los gritos desgarradores del niño hicieron levantar a toda la familia. Cuando lo sacaron de la cuna, su pierna derecha era una papilla sanguinolenta y solamente hasta las nueve a.m. con ayuda del lechero y la policía pudieron sacar muerta a tiros una rata sarnosa y de cola enorme y repugnante del tamaño de un cerdo cebado.

Celso Román (Bustamante; Kramer, 1994: 133)

Un aspecto en la estructura de la minificción que es común observar es que la ironía se resuelve al final, en el cierre del texto; con resolución asombrosa, pero para el lector que intuye la ironía en este género, hay indicios que desde el mismo título, las primeras líneas del cuento, lo llevan a una expectación más o menos sorpresiva, como en este brevísimo cuento de Luis Vidales:

El muerto

Tomó el diario. Leyó: "El señor N. N. descansó en la paz del Señor." Se tomó el pulso. Nada. Se palpó el pecho. Estaba frío. Sintió una absoluta indiferencia. Tiró el diario y volvió a meterse en la cama, más, pero muchísimo más indiferente que nunca.

Luis Vidales (Bustamante; Kramer, 1994: 173)

La ironía supone una doble lectura entre lo referencial y lo textual. Es el caso de algunos relatos de Borges en los cuales la ironía es de extremada finura para el lector. Las oposiciones no son literales sino implícitas, flotan por encima del texto, como construyendo una metahistoria que debe descifrar el receptor:

El puñal

A Margarita Bunge

En un cajón hay un puñal.

Fue forjado en Toledo a fines del siglo pasado. Luis Melián Lafinur se lo dio a mi padre, que lo trajo del Uruguay, Evaristo Carriego lo tuvo alguna vez en la mano.

Quienes lo ven tienen que jugar un trato con él; se advierte que hace mucho que lo buscaban; la mano se apresura a apretar la empuñadura que la espera; la hoja obediente y poderosa juega con precisión en la vaina. Otra cosa quiere el puñal.

Es más que una estructura hecha de metales. Los hombres lo pensaron y lo formaron para un fin muy preciso; es de algún modo eterno, el puñal que anoche mató a un hombre en Tacuarembó y los puñales que mataron a César. Quiere matar, quiere derramar, busca sangre. En un cajón de escritorio, entre borradores y cartón, interminablemente sueña el puñal su sencillo sueño de tigre, y la mano se anima cuando lo rige porque el metal se anima, el metal que presiente en cada contacto al homicida para quien lo crearon los hombres.

A veces me da lástima. Tanta dureza, tanta fe, tan apacible o inocente soberbia, y los años pasan, inútiles.

Jorge Luis Borges (Díaz; Parra, 1993: 13)

En este relato de Borges podríamos anotar que la ironía es de carácter polisémico. El texto tiene una especie de metaironía. Los elementos antagónicos o en conflicto, subyacen, no son explícitos. En este caso la ironía está entre la naturaleza del hombre y sus acciones frente a los objetos; la ironía podría convertirse en símbolo.

Otra forma de ironía presente en el relato breve, se puede encontrar en la manera como el escritor quiere ironizar un tema, en este caso el amor. Arreola, consumado ironista, despliega el efecto irónico desde el lenguaje, la construcción del relato, el símbolo y la analogía:

El encuentro

Dos puntos que se atraen, no tienen por qué elegir forzosamente la recta. Claro que es el procedimiento más corto. Pero hay quienes prefieren el infinito.

Las gentes caen unos en brazos de otros sin detallar la aventura. Cuando mucho, avanzan en zig zag. Pero una vez en la meta corrigen la desviación y se acoplan. Tan brusco amor es un choque, y los que así se afrontaron son devueltos al punto de partida por un efecto de culata. Demasiado proyectiles, su caminar al revés los incrusta de nuevo, repasando el cañón, en un cartucho sin pólvora. De vez en cuando una pareja se aparta de esta regla invariable. Su propósito es francamente lineal, y no carece de rectitud. Misteriosa-

mente optan por el laberinto. No pueden vivir separados. Esta es su última certeza, y van a perderla buscándose. Cuando uno de ellos comete un error y provoca el encuentro, el otro finge no darse cuenta y pasa sin saludar.

(Arreola, Juan José, Confabulario personal, 1980: 256)

La ironía en la Historia, en el sentido de darle un giro o variación a los hechos o personajes históricos, comúnmente es utilizada por los escritores de relato breve:

Heraclitana

Cuando el río es lento y se cuenta con una buena bicicleta o caballo sí es posible bañarse dos (y hasta tres de acuerdo con las necesidades higiénicas de cada quien) veces en el mismo río.

(Monterroso, Augusto, Lo demás es silencio, 1985: 144) Otro ejemplo:

De la ubicuidad de las manzanas

La flecha disparada por la ballesta precisa de Guillermo Tell parte en dos la manzana que está a punto de caer sobre la cabeza de Newton. Eva toma una mitad y le ofrece la otra a su consorte para regocijo de la serpiente. Es así como nunca llega a formularse la ley de gravedad.

Ana María Shua (Uribe, Augusto, Latinoamérica fantástica, 1985: 194)

Con esta pequeña muestra de textos breves y superbreves no se quiere demostrar la ironía como una constante de la minificción, pues para ello sería necesario hacer una reseña extensa e imposible ya que la cantidad de escritores que actualmente exploran el género es incalculable. Lo que se pretende es sustentar por medio de algunas teorías y análisis sobre los textos, cómo este efecto estético hace parte de la gran mayoría de relatos objeto de este análisis. (Ver las antologías de minicuento, cuento corto y "ficción súbita").

El humor

Sátira, humorismo e ironía se relacionan frecuentemente al interpretar un texto literario.   W. Fernández Flórez en su discurso de recepción en la Real Academia Española (14 de mayo de 1945) escribe:

En la burla, hay varios matices, como en el arco iris. Hay el sarcasmo, de color más sombrío, cuya risa es amarga, y sale entre los dientes apretados; cólera tan fuerte, que aún trae sabor a tal después del quimismo con que le transformó el pensamiento. Hay la ironía, que tiene un ojo serio y el otro en guiños, mientras espolea el enjambre de sus avispas de oro. Y hay el humor. El tono más suave del iris. Siempre un poco bondadoso, siempre un poco paternal. Sin acritud, porque comprende sin crueldad, porque uno de los componentes es la ternura. Y si no es tierno, no es comprensivo, no es humor.

El concepto de humor es correlativo del concepto de lo trágico moderno. En la minificción se pueden encontrar estos elementos:

Pajarillo

El amor - me dijeron- es como un pajarillo: déjalo ir, - si regresa es tuyo, si no regresa nunca lo fue.

Y yo solté a mi pajarillo y el muy cabrón sólo regresa cuando tiene hambre.

Rodolfo Farcug (Díaz; Parra, 1993: 40)

El humor es parte de lo cómico, es parte de la risa, pero es una risa intelectual. Detrás de la risa hay un gran pensamiento. En la minificción del "Pajarillo" el humor está en los dos componentes que se contradicen, además de la disonancia entre "Pajarillo" y "cabrón". El contraste produce un efecto de risa o humor; que además en la dimensión sémica, tiene connotaciones relacionadas con lo trágico. El humor ríe y sufre.

La madre

La incubadora a la gallina seguida de diez pollos:

- ¿Y por haber tenido diez hijos vas tan ufana? Yo tengo cientos y aún miles de hijos. Si el ser madre te enorgullece así, ¿qué puedo sentir yo que soy cien veces madre todos los días?

- Poné un huevo.

Alvaro Yunque (Díaz; Parra, 1993:94)

El humor es un sentimiento ambivalente, animado por el deseo de comprender de manera realista el mundo, en la plenitud de sus diferencias. El humor ríe donde la tragedia llora.

Gallus aureorum ovorum

En uno de los inmensos gallineros que rodeaban a la antigua Roma vivía una vez un Gallo en extremo fuerte y notablemente dotado para el ejercicio amoroso, al que las gallinas que lo iban conociendo se aficionaban tanto que después no hacían otra cosa que mantenerlo ocupado de día y de noche.

El propio Tácito, quizá con doble intención lo comparaba al ave fénix por su capacidad para reponerse, y añade que este Gallo llegó a ser sumamente famoso y objeto de curiosidad entre sus ciudadanos, es decir, los otros Gallos, quienes procedentes de todos los rumbos de la República acudían a verlo en acción, ya fuera por el interés del espectáculo mismo como por el afán de apropiarse de algunas de sus técnicas.

Pero como todo tiene un límite, se sabe que a fin de cuentas el nunca interrumpido ejercicio de su habilidad lo llevó a la tumba, cosa que le debe de haber causado no escasas amarguras, pues el poeta Estacio, por su parte, refiere que poco antes de morir reunió alrededor de su lecho a no menos de dos mil gallinas de las más exigentes, a las que dirigió sus últimas palabas que fueron tales: "Contemplad vuestra obra. Habéis matado al Gallo de los huevos de oro" dando así pie a una serie de tergiversaciones y calumnias, principalmente las que atribuye esta facultad al rey Midas, según unos, o según otros a una gallina inventada más bien por leyenda.

Augusto Monterroso (Díaz; Parra, 1983: 78)

Es característico el sentido del humor en los relatos de Monterroso. En el relato anterior, se mezclan la seriedad de la historia enmarcada en la Roma antigua, junto con la sátira, el humor y la ironía de sus personajes, representados por animales, alrededor de una antigua leyenda que el escritor voltea con singular humor. En la minificción no cabe el chiste popular, vulgar o cómico, puesto que el humor como efecto estético, requiere un manejo depurado en el lenguaje, una construcción de la historia que no caiga en las divagaciones y los decorados y, sobre todo en el coloquio y los lugares comunes.

El siguiente es una minificción donde el humor es lúdico, casi ingenuo:

El triángulo amoroso

La ballena macho estaba desolada, porque su mujer se había enamorado de un submarino.

Carlos Héctor (Díaz; Parra, 1993: 39)

Y hay un humor cáustico, que raya con el humor negro:

Herencia

La madre decía: "Mi hijo es la imagen de su padre".

El muchacho se quedó pensando y dijo: ¡Yo mami! Es cierto? Por qué? Ella quedó atónita, lo observó sin medir palabra y le dijo:

-Mírate al espejo!

El niño sin meditar se acercó a él. Perplejo murmuró preguntando:

¿Y mi padre quién es?

Ricardo Manchola Losada (Díaz; Parra, 1993: 122)

Humor ingenioso:

Amenazas

- Te devoraré -dijo la pantera.

- Peor para ti - dijo la espada.

William Ospina (Bustamante; Kramer, 1994: 125)

El humor como una forma de reír entre lágrimas:

Travesura

Escondido en el callejón, saca del bolsillo una piedra y su cauchera. Con ritual estratégico coloca una dentro de la otra. Dejándola lista para disparar.

Mira a la derecha, mira a la izquierda, hacia arriba y zúas. Minutos después llora en la falda de su madre porque el cielo se cae a pedazos.

Jorge Campo (Díaz; Parra, 1993)

Para Schopenhauer "la ironía es parte de lo cómico que oculta la burla tras la seriedad". Mientras que el humor es la ironía al revés. Como se anotó anteriormente, el humor y la ironía son categorías estéticas que encierran sus propias reglas para lograr el efecto deseado, más allá de la simple risa, es una risa intelectual entre el autor y el receptor.

3. **El símbolo**.

El símbolo como objeto de investigación ha sido tomado desde diversos puntos de vista. Disciplinas como la antropología, la psicología, la semiótica y la hermenéutica, han desarrollado sus propias teorías alrededor del origen, desarrollo, fenomenología y función de los símbolos.

Desde el punto de vista antropológico y psicológico, especialistas como Mircea Eliade y Gustav Jung, confrontan sus teorías acerca del origen del símbolo en las mentalidades primitivas y, la importancia de éste en cualquier sociedad tradicional. Jung utiliza la palabra arquetipo para referirse a ciertos símbolos universales que se han incubado en el alma humana, en las profundidades del inconsciente. Anota que este tipo de imágenes y representaciones, no son heredadas sino que obedecen a una predisposición innata, que ha denominado, inconsciente colectivo.

Como producto histórico, el símbolo ha tenido su evolución y transmisión, mediante un complejo desarrollo cultural determinado por los diversos tipos de sociedades y culturas.   Jung insiste en la importancia de la interpretación psicológica por los datos que otorga a partir de los sueños, los ensueños, fantasías, relatos, obras de arte o literatura, y la aplicación sobre los mitos y leyendas de carácter colectivo. Señala también, que las interpretaciones de los productos del inconsciente tienen dos aspectos: Lo que el símbolo representa en sí (interpretación objetiva) y lo que significa como proyección (interpretación subjetiva), aspectos de gran importancia para la recepción de la literatura y su interpretación (Cirlot, 1982:41)

Etimológicamente símbolo viene del verbo symbállo, que significa arrojar conjuntamente, juntar, re-unir distintas partes de una acción conjunta. El símbolo como expresión sensible de algo que es inmaterial o intangible, es un elemento instaurador de sentido; al revelar imágenes intraducibles, características de la mitología y los sueños, se hace centrípeto, como lo expresa Gilbert Durand, un símbolo remite a un sentido, no a una cosa o idea concreta, y el sentido al que remite no pertenece a ningún individuo en particular sino a una especie toda. (Ver Lida Aronne Amestoy, 1976: 95).

El símbolo como constante de la minificción, proporciona un carácter sintético y polisémico a la narración. Para analizar los diferentes aspectos relacionados con el símbolo tomaremos algunos textos. El siguiente es el conocido cuento breve de Chesterton "El árbol del orgullo", que además de pertenecer al género fantástico es rico en símbolos y arquetipos:

El árbol del orgullo

Si bajan a la costa de Berbería, donde se estrecha la última cuña de los bosques entre el desierto y el gran mar sin mareas, oirán una extraña leyenda sobre un santo de los siglos oscuros. Ahí, en el límite crepuscular del continente oscuro, perduran los siglos oscuros. Sólo una vez he visitado esa costa, y aunque está en frente de la tranquila ciudad italiana donde he vivido muchos años, la insensatez y la transmigración de la leyenda casi no me asombraron, ante la selva en que retumbaban los leones y el oscuro desierto rojo. Dicen que el ermitaño Securis, viviendo entre árboles llegó a quererlos como amigos; pues, aunque eran gran-

des gigantes de muchos brazos, eran los seres más inocentes y mansos; no devoraban como devoran los leones; abrían los brazos a las aves. Rogó que los soltaran de tiempo en tiempo para que anduvieran como las otras criaturas. Los árboles caminaron con las plegarias de Securis, como antes con el canto de Orfeo. Los hombres del desierto se espantaban viendo a lo lejos el paseo del monje y su arboleda, como un maestro y sus alumnos. Los árboles tenían esa libertad bajo una estricta disciplina; debían regresar cuando sonara la campana del ermitaño y no imitar de los animales sino el movimiento, no la voracidad ni la destrucción. Pero uno de los árboles oyó una voz que no era la del monje; en la verde penumbra calurosa de la tarde, algo se había posado y le hablaba, algo que tenía la forma de un pájaro y que otra vez, en otra soledad, tuvo la forma de una serpiente. La voz acabó por apagar el susurro de las hojas, y el árbol sintió un vasto deseo de apresar a los pájaros inocentes y de hacerlos pedazos. Al fin, el tentador lo cubrió con los pájaros del orgullo, con la pompa estelar de los pavos reales. El espíritu de la bestia venció al espíritu del árbol, y este desgarró y consumió a los pájaros azules y regresó después *a la tranquila tribu de los árboles. Pero dicen que cuando vino la primavera todos los árboles dieron hojas, salvo éste que dio plumas que eran estrelladas y azules. Y por esa monstruosa asimilación el pecado se reveló.*

G. K. Chesterton (Borges; Ocampo; Casares, 1993: 156)

Este relato retoma el antiguo arquetipo edénico de La Biblia. El paraíso como lugar de equilibrio y perfección donde el hierofante o creador -Securis, libera a los árboles-hombres del sedentarismo terrenal, y les da la posibilidad de ser como él, les da el movimiento, los anima o humaniza con las condiciones del Dios del paraíso: la obediencia. Los arquetipos del mito edénico están explícitos en la narración. El santo que habitaba de los siglos oscuros - caos donde habitaba el Dios. El pájaro-serpiente o demonio que tienta al árbol-Eva por cuya desobediencia viene el castigo: la mutación, el ser diferente de los demás, no producir hojas sino plumas (pérdida del paraíso). Aquí el símbolo tiene un tratamiento hierofánico: el árbol como símbolo sagrado es transgredido, el bien y el mal conservan el sentido tradicional y religioso.

Señala Todorov que un texto o un discurso se hace simbólico a partir del momento en que por medio de la interpretación, descubrimos un sentido indirecto, y ese sentido es aquello que representa al texto; "aquello que el autor quería decir al usar una secuencia particular de signos, es aquello que los signos representan" (Todorov, 1981: 19). Veamos este brevísimo relato:

La canción

Al borde del desierto, en el ribazo, con la lanza clavada en la arena, mientras yo estaba sobre la muchacha, ella dijo una canción que pasó a mi boca y supe que venía desde la primera boca que había dicho una canción ante el rostro del tiempo para que llegara hasta mí y yo la clavara en otras bocas para que llegara hasta la última que diría una canción ante el rostro del tiempo.

Luis Britto García (De León, Gilberto, 1982: 77)

Anota Todorov, que el sentido de una obra reúne el sentido interno de ésta y a la vez, incluye el sentido directo y el indirecto. En este caso, el sentido directo en el cuento de Britto García tiene que ver con los signos verbales y literales expresados: el hombre que está a la orilla del desierto sobre la muchacha que le canta una canción para que él la transmita a otras bocas. "El rostro del tiempo" como metáfora, es el elemento que encierra el símbolo, el doble sentido o infinidad de sentidos que implica, son evidentemente intencionales por parte del autor. La significancia es el resultado de la inclusión del relato dentro de otro contexto, relacionado con los arquetipos anteriormente mencionados. El desierto como el caos primigenio, la muchacha como la madre, la tierra o la naturaleza que le entrega la canción de la vida, frente al rostro del tiempo, para que el hombre la reproduzca hasta el último ser, que también la cante frente al tiempo en una cadena infinita. Como se observa, el sentido indirecto tiene dos formas: una centrípeta relacionada con el discurso literal, que significa sin evocar nada, y otra centrífuga, que se dispara hacia el exterior del texto, proporcionando al receptor, la posibilidad de varias interpretaciones.

La evocación simbólica es múltiple. Según la dirección de la evocación, el sentido indirecto puede pertenecer al texto mismo o puede ser exterior a este último. Barthes llama al simbolismo intratextual código sémico y al simbolismo extratextual código simbólico (Todorov, 1981: 70). En el cuento *The Unending Gift* de Borges la dirección de la evocación es intratextual y extratextual:

The Unending Gift

"Un pintor nos prometió un cuadro. Ahora, en New England, sé que ha muerto. Sentí, como otras veces, la tristeza y la sorpresa de comprender que somos como un sueño. Pensé en el hombre y en el cuadro perdidos.

Sólo los dioses pueden prometer, porque son inmortales). Pensé en un lugar prefijado que la tela no ocupará.

Pensé después: Si estuviera ahí sería con el tiempo esa cosa más, una cosa, una de las vanidades o hábitos de mi casa; ahora es ilimitada, incesante, capaz de cualquier forma y cualquier color y no atada a ninguno.

Existe de algún modo. Vivirá y crecerá como una música, y estará conmigo hasta el fin. Gracias, Jorge Larco.

(También los hombres pueden prometer porque en la promesa hay algo inmortal)."

Jorge Luis Borges (Díaz; Parra, 1993: 116)

Intratextual, puesto que parte de la evocación que está dada en el texto, sólo los dioses pueden prometer porque son inmortales y, en también los hombres pueden prometer porque en la promesa hay algo inmortal. Este par de textos encerrados en paréntesis, tienen que ver con la interpretación que posiblemente haría un receptor, pero están explícitos en el discurso literal. Los paréntesis corresponden a elementos del código gráfico que según el principio de pertinencia de Todorov, ninguna frase, ninguna palabra o código gráfico pueden ser gratuitos, todo tiene un sentido. Este relato de Borges, de igual manera tiene una evocación extratextual, que alude a la posibilidad de las cosas increadas, potenciales, verbales en este caso. El símbolo de un asunto particular, - la historia del pintor y del cuadro - remite a una acción colectiva, generalizada o universal, que tiene que ver con la existencia del hombre.

Otra dirección de la evocación que establece diferencias entre los hechos simbólicos, está relacionada con la evocación, cuando apunta o no a otro texto, es decir cuando se presenta un intertexto que puede ser cuantitativo cuando sólo se remite a otro texto, a un género entero, a una época, etc. y cualitativo cuando es paródico o imitativo en el estilo. Veamos esta minificción en la cual el sentido evocado es una parodia de un episodio bíblico:

Bíblica

Levanto el sitio y abandono el campo... La cita es para hoy en la noche. Ven lavada y perfumada. Unge tus cabellos, ciñe tus más preciosas vestiduras, derrama en tu cuerpo la mirra y el incienso. Planté mi tienda de campaña en las afueras de Betulia. Allí te espero guarnecido de púrpura y de vino, con la mesa de manjares dispuesta y el lecho abierto y la cabeza prematuramente cortada.

(Arreola, Juan José, 1979: 145)

La indeterminación del sentido, es otro de los aspectos relacionados con la interpretación del símbolo. Los relatos de Kafka son singulares por su polivalencia. W. Emrich expresa lo siguiente: "Todas las posibilidades de interpretación quedan abiertas; cada una contiene cierta verosimilitud, ninguna es segura de manera unívoca (...) la característica de la obra de Kafka, reside precisamente, en el hecho de que ningún sentido determinable de manera unívoca puede establecerse "detrás" de las apariencias, de los acontecimientos y de los discursos que la conforman..." (Todorov 1981: 98).

Si esto es cierto, aduce Todorov "¿cuál es el recurso que utiliza Kafka para producir este efecto de simbolismo indecible?" (Todorov, 1981: 98). Marthe Robert propone la siguiente explicación: "Todos los relatos de Kafka contienen con la misma nitidez el diseño de esa lucha desesperada del héroe para saber a qué atenerse en cuanto a la verdad de los símbolos (Kafka). [Por consiguiente] el héroe de Kafka está exactamente en la misma situación que su exégeta (...), él también se enfrenta a los símbolos, él también cree en ellos espontáneamente, les encuentra apresuradamente un sentido según el cual cree poder reglamentar su vida, pero en eso, justamente, él está perpetuamente engañado..." (Todorov, 1981: 98).

Veamos este relato kafkiano:

Un mensaje imperial

El emperador – dicen - te ha enviado a ti, el solitario, el último de sus súbditos, la sombra que ha huido a la más remota lejanía, insignificante ante el sol imperial... Precisamente a ti, el emperador te ha enviado un mensaje desde su lecho de muerte. Hizo arrodillar al mensajero junto a su lecho y le susurró el mensaje al oído; tan importante le parecía que se lo hizo repetir en su propio oído. Asintiendo con la cabeza, corroboró la exactitud de la repetición. Y ante la muchedumbre reunida para presenciar su muerte - todas las paredes que lo ocultaban a la visita habían sido derribadas, y sobre la amplia y elevada curva de la gran escalinata formaban un círculo los grandes del imperio - ordenó al mensajero que partiera. El mensajero partió en el acto; es un hombre fuerte, infatigable; extendiendo un brazo ora el otro, se abre paso a través de la multitud; cuando encuentra un obstáculo, señala sobre su pecho el signo del sol, avanza mucho más fácilmente que ningún otro. Pero la multitud es enorme; los sacos son innumerables. Si ante él se abriera el campo libre, cómo correría, que pronto oirías el glorioso sonido de su puño al llamar a tu puerta. Pero así qué inútiles son sus esfuerzos; todavía está abriéndose pasa a través de las cámaras del palacio central; nunca terminará de atravesarlas, y si terminara, no habría adelantado mucho; tendría que descender las escaleras; y si lo consiguiera no habría ganado gran cosa; tendría que cruzar los patios, el segundo palacio circundante; y más escaleras, y más patios; y otro palacio; y aún durante miles de años; y cuando finalmente atravesara la última puerta - pero esto nunca, nunca puede suceder - todavía le faltaría cruzar la capital, el centro del mundo, donde su escoria se amontona sin fin. Nadie podría abrirse paso a través de ella, y menos todavía con el mensaje de un muerto. Pero tú te sientas junto a tu ventana y te lo imaginas al caer la noche.

(Kafka, Franz,(La metamorfosis y otros relatos, 1983: 141)

Cuentos como *La colonia penitenciaria*, *Once hijos*, *Ante la ley*, *En la galería*, *Un sueño*, y sus grandiosas novelas *El castillo* y *El proceso* entrañan una oposición entre la alegoría utilizada por Kafka y la opacidad del mensaje que transmite, entre la incitación textual a alegorizarlo todo y la imposibilidad narrativa de encontrar el sentido (1981: 98). Esto hace que la recepción de este tipo de simbolismo sea desconcertante. A medida que avanza la lectura de los relatos de Kafka, el receptor como el actor de sus obras, se pierde entre el laberinto de posibilidades simbólicas; tocado por una emoción no directamente relacionada con la literalidad, sino con el absurdo que esa literalidad encarna, el significado oculto que con posterioridad el lector interpreta racionalmente. En este sentido, Carlos Bousoño expresa que "el símbolo es la cifra de un misterio, de su tendencia a la repetición, de su naturaleza proliferante, emotiva, no comparativa sino identificativa, de su capacidad para expresar de modo sugerente, estados de alma complejos o una multiplicidad o supuesta inagotabilidad semántica." (Bousoño: 1979:18). El símbolo puede encarnar en un personaje, un lugar, un objeto, una circunstancia o en la estructura del relato mismo. Italo Calvino en *Las ciudades invisibles*, reúne una serie de relatos muy breves cargados de gran sentido simbólico, en este caso, cada ciudad tiene una particularidad que la convierte en objeto polisémico:

Las ciudades y el deseo

Hacia allá, después de seis días y seis noches, el hombre llega a Zobeida, ciudad blanca, bien expuesta a la luna, con calles que giran sobre sí mismas en ovillo. Esto se cuenta de su fundación: Hombres de naciones diversas tuvieron un sueño igual, vieron una mujer que corría de noche por una ciudad desconocida, de espalda, con el pelo largo, y estaba desnuda. Soñaron que la seguían. A fuerza de vueltas todos la perdieron. Después del sueño buscaron aquella ciudad; no la encontraron pero se encontraron ellos; decidieron construir una ciudad como en el sueño. En la disposición de las calles cada uno rehízo el recorrido de su persecución; en el punto donde había perdido las huellas de la fugitiva ordenó de otra manera que en el sueño los espacios y los muros de modo que no pudiera escapársele más.

Esta fue la ciudad de Zobeida donde se establecieron esperando que una noche se repitiese aquella escena. Ninguno de ellos, ni en el sueño ni en la vigilia vio nunca más a la mujer. Las calles de la ciudad eran aquellas por las que iban al trabajo todos los días, sin ninguna relación ya con la persecución soñada. Que por lo demás estaba olvidada hacía tiempo.

Nuevos hombres llegaron de otros países, que habían tenido un sueño como el de ellos, y en la ciudad de Zobeida reconocían algo de las calles del sueño y cambiaban de lugar galerías y escaleras para que se parecieran más al camino de la mujer perseguida y para que en el punto donde había desaparecido no le quedara modo de escapar.

Los recién llegados no entendían qué era lo que atraía a esa gente a Zobeida, a esa fea ciudad, a esa trampa.

Calvino, Italo, (Las ciudades invisibles, 1983: 57)

Este relato de Calvino tiene la característica del símbolo kafkiano; no en la indeterminación, sino en la especie de remolino que literalmente denota la historia de estos hombres y de esta ciudad, símbolo de las quimeras humanas que finalmente se convierten en trampas o redes de araña, en la efímera existencia de los hombres. Aquí, el símbolo es la dirección del significado interno de la estructura verbal literaria. La función interna del símbolo reside, en la relación que existe entre el simbolizante o discurso literal (ciudad donde una mujer desnuda corre por sus calles y los hombres la buscan en vano) y el simbolizado o sentido externo (la quimera como trampa). El arquetipo literario que subyace en este relato es el del laberinto, aunque el sentido de la mujer-guía es transgredido, la mujer es el mismo laberinto.

"Dos planos se conjugan en el conocer simbólico: la percepción empírica del objeto visible, y la intuición de "lo otro" invisible que es la realidad simbolizada." (Boaslo, Fernando, 1986: 78). Es decir una dialéctica entre lo visible y lo invisible, relativa a la fenomenología del símbolo.

En las minificciones *Famas y cronopios* de Cortázar, el símbolo está en estos personajes cuya denominación representa cierto tipo de personas o actitudes. Las palabras fama, cronopio y esperanza, en este contexto literario son polisémicas; una vez el lector descubre el código interno de estos términos, penetra en el sentido indirecto del texto:

Tortugas y cronopios

"Ahora pasa que las tortugas son grandes admiradoras de la velocidad, como es natural.

Las esperanzas lo saben, y no se preocupan. Los famas lo saben, y se burlan.

Los cronopios lo saben, y cada vez que encuentran una tortuga sacan la caja de tizas de colores y sobre la redonda pizarra de la tortuga dibujan una golondrina."

Julio Cortázar (Magazín Dominical, El Espectador, Nº 383,1990: 5)

En este caso, el símbolo implícito en cronopios, famas y esperanzas pertenece al universo narrativo del autor, los términos en sí mismos tienen una connotación al interior y al exterior del texto, y los términos tortuga y golondrina son polivalentes en el campo de la recepción.

Carlos Bousoño concibe el símbolo como una especie de irracionalismo, que consiste en el uso de palabras que emocionan al lector, no solamente como portadoras de conceptos, sino de asociaciones irreflexivas con otros conceptos, que son los que conllevan la emoción (Bousoño, Carlos, Superrealismo poético y simbolización, 1979: 26). Cuando en un discurso literario la emoción o intuición son las formas a priori de la interpretación, el símbolo se torna más 'oscuro' u opaco, la semiosis se torna infinita, activando la imaginación del lector:

Invasión

Creó tantos pájaros, que agotó la nada de donde aún no habían sido creados; al saberse creados, los pájaros agotaron el silencio.

Manuel Mejía Vallejo (Díaz; Parra, 1993: 30)

La emoción que aparece al leer este texto de Mejía Vallejo, no se relaciona con la literalidad ni con el significado lógico del enunciado, su relación está con el significado oculto del texto; de ahí la sensación de misterio del símbolo. Estas minificciones especialmente breves, son especie de agujeros negros en el universo de la literatura como el conocidísimo cuento de Monterroso:

El dinosaurio

Cuando despertó, el dinosaurio todavía estaba allí.

(Monterroso, Augusto, (Obras completas y otros cuentos, 1980: 75)

Este texto es como las granadas de Hemingway que estallan en el cerebro, pero estas apuntan más al contenido lógico que al emocional. Su estructura simbólica y sintáctica producen una detonación sémica en la recepción. El símbolo es triple; está relacionado con el sujeto que despierta, el dinosaurio y el tiempo y el espacio de la narración, caracterizado por una vertiginosa fuerza centrífuga.

Si el universo literario es un universo en el cual todo es potencialmente idéntico a todo lo demás, como lo expresa North-Frye, en el universo de la minificción, el símbolo coadyuva con gran fuerza, para proporcionar la densidad sémica, de este discurso literario.

4. Lo poético

El elemento poético subyace en la minificción como metáfora, símbolo, alegoría o parábola, componentes que le dan el carácter polisémico. La poesía como transgresora de la realidad, como creadora de mundos y ficciones envuelve al relato breve en su atmósfera, que si no es literal, se extiende más allá de las fronteras de la realidad. Por la brevedad de la minificción, la riqueza poética en la descripción, el uso de imágenes, metáforas, símiles o tropos no se encuentran en el sentido literal sino en el sentido implicado. La emoción que produce el siguiente relato está marcada por el tono y el ritmo internos; las imágenes y la dimensión sémica del lenguaje le dan el carácter poético:

Fábula del mar en los ojos

Un hombre que era extranjero hasta de sí mismo se enamoró de un mujer extraña. Y se lo dijo. Pero ella era una mujer extraña, muy solitaria, indiferente, con pájaros en la cabeza. Si me quieres - le dijo- yo no se si pueda quererte - y, ¿cómo podré convencerte de que me quieras? - preguntó el hombre. - Yo no conozco el mar - dijo la mujer- , no conozco el bosque ni la selva.   Sueño con orquídeas desde que las oí mencionar. He vivido en mi casa desde que nací. No he ido más allá de los límites de mi jardín.

En los ojos de la mujer había algo semejante a una tristeza serena, a un aburrimiento domesticado, a una desesperanza ya vieja y sin solución. Y sin embargo, como quien trata de pescar ballenas en el manantial del traspatio, se atrevió a pedir:-

- Llévame a ver el mar.

-De acuerdo – dijo el hombre- . Toma tus cosas y vamos.

- Pero quiero ir a pie, desnuda y con una venda sobre los ojos.

- No verás el camino.

- Tu me guiarás.

-Pero entonces no podrás ver el bosque y las selvas, no conocerás las orquídeas. No gozarás al contemplar por primera vez el mar.

- Quizás sí pueda verlos y conocerlos a través de tus ojos.

- Y entonces, ¿me amarás?

- Antes de quitarme la venda me describirás el mar. Luego, cuando yo lo vea con mis propios ojos, sabré si puedo amarte o no.

Marco Tulio Aguilera Garramuño (Bustamante; Kramer, 1994: 17)

Lo poético en este relato está de igual manera en la descripción de los personajes, su naturaleza, y la forma como se relacionan. La metáfora que cobija todo el relato se convierte en símbolo, sugiriendo múltiples interpretaciones.

4. Lo onírico

Es común encontrar el tema de lo onírico en el relato breve. Los sueños por su naturaleza son simbólicos, poco fáciles de definir, brindan una posibilidad interpretativa múltiple y se prestan a artificios literarios. Como es conocido, Borges juega con este elemento tanto en la estructura narrativa de su obra como en el sentido. En *Las ruinas circulares*, *Veinticinco Agosto 1983* y *El enemigo*, el sueño es un elemento de profundidad sémica y artificio. La simbiosis entre vigilia y sueño es una veta riquísima que han explotado diversos autores, veamos algunos:

Imagínese

En la oscuridad, un montón de ropa sobre una silla puede parecer, por ejemplo, un pequeño dinosaurio en celo. Imagínese, entonces, por deducción y analogía, lo que puede parecer en la oscuridad el pequeño dinosaurio en celo que duerme en mi habitación.

Ana María Shua (Uribe, Augusto, 1985: 185)

La dimensión onírica en estos relatos proporciona la brevedad y las elipsis narrativas, la ficción y el asombro. El lenguaje de los sueños - expresado en imágenes- al ser trasladados al lenguaje literario, muchas veces ganan o pierden en plasticidad. El inconsciente de la imagen onírica, estalla en significación a través del discurso literario.

Sueño del fraile

Transitaba por un corredor y al cruzar una puerta volvía a transitar el mismo corredor con algunos breves detalles que lo hacían distinto. Pensaba que el corredor anterior lo había soñado y que éste sí era real. Volvía a trasponer una puerta y entraba a otro corredor con nuevos detalles que lo distinguían del anterior y entonces pensaba que aquel también era soñado y éste era real. Así sucesivamente cruzaba nuevas puertas que lo llevaban a corredores, cada uno de los cuales era para él, en el momento de transitarlo, el único existente. Ascendió brevemente a la vigilia y pensó: "También esta puede ser una forma de rezar el rosario.

Alvaro Mutis (Bustamante; Kramer, 1994: 115)

5. Lo filosófico

La disyunción entre filosofía y literatura se acentúa al analizar los elementos que las caracterizan: El concepto y la argumentación en la filosofía y la metáfora y la fábula en la literatura. Sin embargo, a través de la historia de la literatura y de la filosofía, se han dado casos en los cuales, éstas se entremezclan o invaden sus terrenos entre sí. El ejemplo más acertado de este fenómeno, lo encontramos en la escritura de Jorge Luis Borges, que encontró en la filosofía muchos de sus temas. En la filosofía buscaba sólo "posibilidades literarias" expresaba. Platón, Hume, Schopenhauer, Bradley, Russel entre otros, marcaron su estilo literario (Sierra Mejía, 1994: 7). En los cuentos de Borges, el asombro y la constante simbólica del laberinto, remiten al origen de la reflexión filosófica aristotélica, cuyo nacimiento está en el asombro y, para el escritor el laberinto es una síntesis de ese asombro que con frecuencia tiene su origen en la paradoja filosófica y el solipsismo de sus cuentos oníricos (1994: 7). *El libro de arena*, expresa el profesor Sierra, tiene la estructura de una paradoja, basado en la paradoja de Arquitas de Tarento, que a la par de Zenón demuestra la imposibilidad de concebir el infinito. En *Funes el memorioso, Tlon Ubpar, Orbis Tertius, El informe de Brodie* desarrolla teorías del lenguaje de origen filosófico. Esto respecto de la escritura de Borges y su relación con la filosofía en el sentido formal y riguroso.

Pero otros escritores han tomado los conceptos filosóficos en sus relatos breves, en forma lúdica, no carente de profundidad, matizada por el humor y la ironía. Kostas Axelos escribió algunos cuentos "filo-sóficos" relacionados con categorías como el ser, el lenguaje, la dialéctica, la verdad, el amor, etc.:

La verdad (en tanto des-cubrimiento)

Un día Cristobal Colón declaró: parto a descubrir América. Y partió. Después de un largo viaje; vislumbró la tierra. Es América, exclamó a su tripulación. Se acercaron a la costa y desembarcaron sobre la playa, vieron frente a ellos un grupo de pieles-rojas en conciliábulo con su jefe. Los dos grupos se observaron. El jefe de los pieles-rojas avanzó majestuosamente hacia el grupo de Colón. Llegado frente al jefe de los blancos, se detiene y pregunta: ¿Eres tu Cristobal Colón? Ante su respuesta afirmativa, se vuelve hacia su gente y dice: Muchachos, de ahora en adelante es inútil escondernos, estamos descubiertos.

Kostas Axelos (Universidad de San Buenaventura, Cali, Documento El lenguaje y los problemas del conocimiento, 1981)

La búsqueda (Siempre errónea y errante incluso antes de ser planetaria).

Un hombre erró por el mundo durante toda su vida a la búsqueda de la piedra - filosofal - que convertía en oro el metal más vulgar. Erraba por montes y valles, vestido con un sayal atado a su cuerpo por medio de un cinturón con una hebilla metálica. Cada vez que le parecía que una piedra podía ser la piedra, la frotaba contra su hebilla y se veía obligado a tirarla.

Una tarde en que estaba muy fatigado, llegó a la casucha de una anciana campesina y le pidió de comer y de beber. La vieja lo interrogó, y después de haber escuchado en silencio, se fijó en su hebilla y dijo: Pobre hombre, has tirado la piedra preciosa No te has dado cuenta que tu hebilla ya se ha convertido en oro"

Kostas Axelos (Universidad San Buenaventura, 1981)

6. Lo fantástico

En la literatura el tema de lo fantástico ha sido elaborado no solamente en la novela, la poesía, el cuento, como es ampliamente conocido, sino de una manera particular en el relato corto. La creación de la atmósfera en el cuento fantástico es determinante. Los fantasmas, duendes, fenómenos sobrenaturales son el leitmotiv de éste género literario. La sorpresa puede ser de puntuación, verbal o de argumento. Bioy Casares clasifica los cuentos fantásticos por los argumentos que pueden ser, con aparición de fantasmas, con viajes en el tiempo, con personajes soñados, metamorfosis, con el tema de la inmortalidad, el absurdo, vampiros y castillos y además los clasifica por la explicación: los que se explican por la intervención de un hecho o un ser sobrenatural, los que tienen explicación fantástica, pero no sobrenatural, los que se explican por la intervención de un ser o hecho natural pero insinúan la posibilidad de una explicación natural, los que tienen una explicación de alucinación. (Ver Prólogo Borges, Bioy Casares, S. Ocampo Antología de la literatura fantástica, 1993: 10-12).

La sangre en el jardín

El crimen aquel hubiera quedado envuelto en el secreto durante mucho tiempo si no hubiera sido por la fuente central del jardín, que, después de realizado el asesinato, comenzó a echar agua muerta y sangrienta.

La correspondencia entre el disimulado crimen de dentro del palacio y la veta de agua rojiza sobre la taza repodrida de verdosidades, dio toda la clave de lo sucedido.

Ramón Gómez de la Serna (Borges; Ocampo; Casares, 1993: 203)

Poe, Lovecraft, Marcell Schwob, Borges, Arreola, Monterroso, Cortázar, Kafka, escritores ya citados a lo largo de este estudio, han incursionado por los terrenos de lo fantástico. Los bestiarios son otra forma de la literatura fantástica que se expresan en el relato breve:

El mono de la tinta

Este animal abunda en las regiones del norte y tiene cuatro o cinco pulgadas de largo; está dotado de un instinto curioso; los ojos son como cornalinas, y el pelo es negro azabache, sedoso y flexible, suave como una almohada. Es muy aficionado a la tinta china, y cuando las personas escriben, se sienta con una mano sobre la otra y las piernas cruzadas esperando que hayan concluido y se bebe el sobrante de la tinta. Después vuelve a sentarse en cuclillas, y se queda tranquilo.

Wang Ta-Hai (Borges, Manual de zoología fantástica, 1980: 106)

La categoría de lo fantástico encuentra resonancia en la minificción por su carácter sorpresivo y asombroso, generalmente como remate de la narración, que se confunde entre la realidad y la fantasía:

Cuento de horror:

La mujer que amé se ha convertido en fantasma. Yo soy el lugar de las apariciones.

Arreola, Juan José,(1980: 145)

7. La conexión entre título y contenido discursivo.

Algunas minificciones tienen una conexión íntima con el título, es decir, título y narración complementan el sentido de manera paradigmática;

cuando el título no aparece literalmente en el texto, sino que se vuelve polisémico:

La ciencia

El lobo al perro:

- Yo ladro como vos y, sin embargo, el hombre a mí me persigue y a vos te alimenta. El perro al lobo:

-Pero ¿olvidas que yo, además de ladrar, sé lamer la mano?

Alvaro Yunke (Díaz; Parra, 1993: 93)

IV. LA SINTESIS NARRATIVA COMO OBJETO DE ANALISIS SEMIOTICO EN LA MINIFICCIÓN

La síntesis narrativa y la densidad sémica, dos rasgos vertebrales de la minificción, serán tomados aquí como materia de análisis en lo relacionado con el tiempo, el espacio, los personajes o actantes, la focalización y la competencia narrativa. Para ello, partiremos de las teorías de diferentes autores aplicadas a algunos textos, como una aproximación teórica a este género.

1. El espacio.

El espacio, como uno de los elementos en la estructura de un relato, está íntimamente relacionado con los personajes, los actantes y el tiempo en el cual se desarrolla la historia, manipulados por el narrador. En el caso de la mini-ficción generalmente el narrador omite los datos espaciales para lograr un efecto estético; la escasez en la descripción de los lugares o entornos da la unidad de la síntesis. Esto depende del efecto que quiera lograr el escritor en cada relato; pues como ya se ha señalado, la minificción puede hacer énfasis en el personaje, en la acción, en la circunstancia, en el lenguaje, o en el espacio mismo como en el caso de *Casa tomada* de Cortázar, o puede ser una metáfora del espacio onírico, afectivo, existencial, etc.; como en el siguiente cuento de Arreola:

Gravitación

Los abismos atraen. Yo vivo a la orilla de tu alma. Inclinado hacia tí, sondeo tus pensamientos, inda-

go el germen de tus actos. Vagos deseos se re-
mueven en el fondo, confusos y ondulantes en su
lecho de reptiles.

*¿De qué se nutre mi contemplación voraz? Veo el
abismo y tu yaces en lo profundo de tí misma.
Ninguna revelación. Nada que se parezca al brus-
co despertar de la conciencia. Nada sino el ojo que
me devuelve implacable mi descubierta mirada.*

*Narciso repulsivo, me contemplo el alma en el
fondo de un pozo. A veces el vértigo desvía los ojos
de tí. Pero siempre vuelvo a escrutar en la sima.*

*Otros, felices, miran un momento tu alma y se
van.*

*Yo sigo a la orilla, ensimismado. Muchos seres se
despeñan a lo lejos. Sus restos yacen borrosos
disueltos en la satisfacción. Atraído por el abismo.
vivo la melancólica certeza de que no voy a caer
nunca.*

Arreola, Juan José,(1980: 266)

El espacio puede devenir símbolo, como en el ca-
so de *Las ciudades invisibles* de Italo Calvino. La
descripción de éstas, sus calles, sus casas, sus ha-

bitantes, hacen que el espacio narrativo se convierta en actante. O en su defecto el espacio puede estar completamente omitido en la narración, veamos este ejemplo:

El final

Ocurrió aquella noche cuando el olvido perdió la memoria...

Nelson Osorio Marín (Díaz; Parra, 1993: 99)

El espacio puede también abarcar el universo, un país, una era, una ciudad, una habitación, o muchos espacios a la vez:

La carrera

El hombre empezó a correr por toda la calle y de pronto se detuvo para tratar de recordar hacia dónde corría; así que sin lograrlo siguió corriendo; durante toda su juventud no había dejado de correr; corría cuando salía del baño, corría cuando salía del colegio, corría cuando salía de cine, corría cuando entraba al café, pero cuando llegó la hora del matrimonio y se encargó del hogar parecía que iba a dejar de correr; no obstante siguió corriendo; corría como huyendo de algo; de algo que le pisa-

ba los talones; era como su propia sombra; el hombre corría cuando caminaba por la avenida, corría cuando doblaba por la esquina, corría cuando iba a tomar el bus, y cuando lo tomaba se bajaba precipitadamente antes de llegar a su destino porque le parecía que corriendo llegaría primero; el hombre corría, corría, corría, llegaba del banco, llegaba al almacén, llegaba al supermercado, llegaba a la farmacia, llegaba al puesto de periódicos y volvía a correr para llegar a su casa; corría para realizar lo que no había realizado y corría cuando había realizado lo que deseaba realizar; corría con un propósito definido y corría sin un propósito por definir; corría cuando pensaba llegar primero que la mañana; corría cuando pensaba llegar primero que el medio día; corría cuando pensaba llegar primero que la tarde. Corría cuando pensaba llegar primero que la noche y volvía a correr cuando quería alcanzar la noche, la tarde, el mediodía y la mañana; corría a la salida de la casa, en la calle, en la carrera, en el ascensor, en el trabajo, y al salir del ascensor, al tomar la carrera, la calle y al entrar a casa, corría para andar más aprisa, corría para llegar a tiempo a la oficina y corría para salir pronto de ella; corría *para que el tiempo rindiera y corría para acabar con el tiempo; corría para que dieran las ocho y corría cuando pasaban las ocho; corría para acabar con la soledad y la angustia y corría para que no llegara la soledad y la angustia; la vida le había alcanzado poco para correr, de manera que cuando presintió la muerte alcanzó rápidamente el ataúd que un día había traído, corriendo a su casa previendo que no le alcanzaría el tiempo para esto y se acomodó dentro del cajón y antes de bajar la tapa y de morirse le dijo a sus hijos que lo llevaran corriendo al cementerio; pero cuando salieron corriendo con el cadáver por toda la calle tuvieron que dejarlo a medio camino porque ya se había podrido.*

Andrés E. Florez Brum (Bustamante; Kramer, 1994: 75)

Los conceptos de historia y discurso en el relato, los ha desarrollado Todorov a partir de Emile Benveniste, y la espacialidad en el análisis de un texto, está relacionada según esta teoría en dos planos: El plano de la historia o de la diégesis y el plano del discurso; es decir, la historia pertenece a la fábula o trama y el discurso pertenece al 'texto narrativo significante'. Al respecto anota Todorov: "La historia no es algo que pertenezca a la vida sino a un mundo imaginario del que sólo sabemos a través del libro. El discurso en cambio es una realidad, está hecho de palabras reales; de palabras dirigidas por el narrador a un virtual lector." (Cit, Berinstain, en Análisis estructural del relato literario. 1982: 26).

En las minificciones *Gravitación* y *El final*, el espacio y la temporalidad no se dan dentro del discurso, sino en los hechos que imagina o evoca el narrador; la síntesis del discurso literal provoca la interpretación intuitiva del receptor; el espacio no es denotativo sino connotativo. Al contrario, en el relato anterior *La carrera* el espacio en la diégesis y el espacio en el discurso presentan un paralelismo, pues los espacios literales enumerados son los mismos de la historia, no son evocados, ni imaginados, ni simbólicos; son "informaciones" - al decir de Barthes - , o datos referenciales que sirven para dar autenticidad a la realidad del referente, nombrando lugares, que pueden existir o confundirse con la realidad porque parecen verdaderos, no porque se adecuen al referente, sino porque el lector los acepta como posibles.

Podríamos decir que la síntesis narrativa de la minificción, hace que el espacio en los relatos no esté en el discurso, sino en los sentidos que esa literalidad contiene o implica y que el receptor debe descubrir o descifrar.

2. El tiempo.

La minificción enmarcada dentro del tiempo epifánico contemporáneo, se caracteriza por su intemporalidad y elipsis narrativa. En este tipo de relatos hay una doble temporalidad determinada por el narrador, que es un intermediario entre la historia y el lector, que comunica los sucesos pasados, organizando los elementos de la historia para contarlos en un 'presente' que a la vez delimita el pretérito de la diégesis. (Berinstain, 1982: 93). El tiempo en la minificción puede ser mítico como en el siguiente relato:

El grillo maestro

Allá en tiempos muy remotos, un día de los más calurosos del invierno el Director de la Escuela entró sorpresivamente al aula en que el Grillo daba a los Grillitos su clase sobre el arte de cantar, precisamente en ese momento de la exposición en que les explicaba que la voz del Grillo era la mejor y la más bella entre todas las voces, pues se producía mediante el adecuado frotamiento de las alas contra los costados, en tanto que los pájaros cantaban tan mal porque se empeñaban en hacerlo con la garganta, evidentemente el órgano del cuerpo humano menos indicado para emitir sonidos dulces y armoniosos.

Al escuchar aquello, el Director, que era un grillo muy viejo y muy sabio, asintió varias veces con la cabeza y se retiró, satisfecho de que en la escuela todo siguiera como en sus tiempos.

Monterroso (Díaz; Parra, 1993: 21)

El tiempo también puede ser un fragmento, un instante del presente continuo, donde su transcurso está denotado por las circunstancias que se narran en el discurso. En este caso también es intemporal, pues el relato puede suceder para el lector- en cualquier momento. En el siguiente ejemplo, la historia y el discurso se desarrollan progresiva y paralelamente: "La narración se abre y se cierra en el tiempo diegético (de la historia) así como el discurso se abre y se cierra en la instancia enunciativa." (Berinstain, 1982: 96)

El campeonato mundial de pajaritas

Abierto oficialmente el campeonato mundial de pajaritas el señor Pereira se dirige al proscenio, toma una hoja de papel, la dobla, la vuelve a doblar, y de los pliegues surgen lentamente una montaña, y un arroyo, y un arco iris que desciende hasta que junto a él fulguran las nubes y finalmente las estrellas. Un gran aplauso resuena, el señor Pereira se inclina y baja lentamente a la sala.

Acto seguido se instala en el proscenio el señor Noguchi, quien toma en cada mano una hoja de papel, la mano izquierda dobla dobla, sale una paloma, sosteniendo el pico con los dedos anular y meñique y tirando de la cola con los dedos índice y medio las alas suben bajan suben bajan, la paloma vuela, entretanto la mano derecha dobla dobla, sale un halcón, colocando el dedo índice en el buche y presionando con el pulgar en las patas, las poderosas alas suben bajan bajan suben, el halcón vuela, persigue a la paloma, la atrapa, cae al suelo, la devora.

Grandes y entusiásticos aplausos.

Sube al proscenio el señor Iturriza, quien es calvo, viejo, tímido y usa lentecitos con montura de oro. En medio de un gran silencio el señor Iturriza se inclina ante el público, hace una contorsión, se vuelve de espaldas. La segunda contorsión la despliega, asume una forma extraña, y luego viene la tercera, la cuarta, la quinta contorsión, la apertura del pliegue longitudinal, y la vuelta del conjunto. La sexta y la séptima contorsiones son apenas visibles pero definitivas, la gente va a aplaudir pero no aplaude, en el proscenio el señor Iturriza deshace su último pliegue y se transforma en una límpida, solitaria, gran hoja cuadrada de papel blanco.

Luis Britto García (De León, Gilberto, 1980: 76)

La correspondencia entre la temporalidad de la historia y la del discurso, en algunas ocasiones plantea problemas denominados 'anisocronías' o desfases temporales, porque la instancia que narra es de duración inferior a la historia narrada, es decir, dentro del tiempo del discurso se halla comprimido el tiempo de la historia. Este es uno de los rasgos más frecuentes en la temporalidad narrativa de la minificción. Las grandes elipsis conforman la síntesis o el efecto estético:

Sin título

Se proclamó un día Quetzacoaltl a su pueblo: "No quiero para mí más sacrificios humanos, deseo flores y frutos en mi altar." El pueblo oyó al Dios atentamente y decidió, ante su cobardía, ofrendarlo en la piedra sangrienta.

Ahora, de vez en vez las mujeres llevan flores y frutos a su tumba.

Javier Naranjo (Bustamante; Kramer, 1994: 117)

La elipsis en el anterior relato está implícita en el término "ahora"; que de un tiempo mítico, salta a un presente continuo. Veamos un relato donde la supresión del tiempo o elipsis temporal (transcurso de la mañana al mediodía y a la noche) hace la síntesis, no sólo en el tiempo sino en la acción y el espacio narrativos:

El miedo

Una mañana nos regalaron un conejo de indias.

Llegó a casa enjaulado. Al mediodía le abrí la puerta de la jaula.

Volví a casa al anochecer y lo encontré tal como lo había dejado: jaula adentro, pegado a los barrotes, temblando del susto de la libertad.

Galeano, Eduardo,(El libro de los abrazos, 1989: 99)

La analepsis - o retrospección- y prolepsis - prospección o anticipación- son formas de anacronía en el relato. En *El asesino* de Juan José Arreola, se anuncia la futura muerte del emperador a manera de prolepsis, a la vez que éste hace analepsis por medio del recuerdo o tiempo pretérito (recuerdo del muchacho huyendo con un cuchillo de su cocina). Estas rupturas - anota Helena Berinstain - sirven para desarrollar lo pretérito, lo hipotético o porvenir, y evidencian más allá de la anécdota un juego retórico que pertenece al discurso narrativo y contribuye a proporcionar sentido y síntesis al relato(1982:101):

El asesino

Ya no hago más que pensar en mi asesino, ese joven imprudente y tímido que el otro día se me acercó al salir del hipódromo, en un momento en que los guardias lo habían hecho pedazos antes de que alcanzara a rozar el borde de mi túnica.

Lo sentí palpitar cerca de mí. Su propósito se agitaba en él como una cuadriga furiosa. Lo vi llevarse la mano hacia el puñal escondido, pero lo ayudé a contenerse desviando un poco mi camino. Quedó desfalleciente, apoyado en una columna.

Me parece haberlo visto ya otras veces, rostro puro, inolvidable entre esta muchedumbre de bestias. Recuerdo que un día salió corriendo un cocinero de mi palacio, en pos del muchacho que huía robando un cuchillo. Juraría que ese joven es el asesino inexperto y que moriré bajo el arma con que se corta la carne en la cocina.

El día en que una banda de soldados borrachos entró en mi casa para proclamarme emperador después de arrastrar por la calle el cadáver de Rinometos, comprendí que mi suerte estaba echada. Me sometí al destino, abandone una vida de riqueza, de molicie y de vicio para convertirme en complaciente verdugo.

Ahora ha llegado mi turno. Ese joven, que trae mi muerte en su pecho, me obsede con su leve persecución, debo ayudarlo, decidir su cautela. Hay que apresurar nuestra cita, antes de que surja el usurpador que lo traicione, dándome una muerte ignominiosa de tirano.

Esta noche pasaré solo por los jardines imperiales. Iré lavado y perfumado: vestiré una túnica nueva y saldré al paso del asesino que tiembla detrás de un árbol.

En el rápido viaje de su puñal, como en un relámpago veré iluminarse mi alma sombría.

Arreola, Juan José, (1980: 291)

Para concluir, el tiempo en la estructura del cuento breve tiene esa virtud de la elasticidad al ser elíptico en el discurso y elástico en el sentido implicado. En la narración es intemporal, mítico o histórico.

3. Los personajes.

Generalmente en la minificción actúan muy pocos personajes, casi siempre es uno solo. La economía en la descripción de la narración, pasa por alto los detalles que puedan proporcionar los 'indicios' como por ejemplo las características físicas de los personajes, sus rasgos psicológicos; es decir, no están implicados o enunciados en el discurso, sin embargo están implícitos y se infieren de las acciones de los actores, de su conducta. Generalmente los personajes no tienen un nombre y un apellido, lo importante es la acción que ejecuten o en las que se ven involucrados, son personajes anónimos pero a la vez son arquetipo o símbolo de una cultura.

La salvación

Esta es una historia de tiempos y de reinos pretéritos. El escultor paseaba con el tirano por los jardines del palacio. Más allá del laberinto para los extranjeros ilustres, en el extremo de la alameda de los filósofos decapitados, el escultor presentó su última obra: una náyade que era una fuente. Mientras abundaba en explicaciones técnicas y disfrutaba de la embriaguez del triunfo, el artista advirtió en el hermoso rostro de su protector una sombra amenazadora. Comprendió la causa. "Cómo un ser tan ínfimo" - sin duda estaba pensando el tirano- "Es capaz de lo que yo, pastor de pueblos soy incapaz?" Entonces un pájaro, que bebía en la fuente, huyó alborozado por el aire y el escultor discurrió la idea que lo salvaría. "Por humildes que sean" dijo indicando al pájaro-"hay que reconocer que vuelan mejor que nosotros.

Bioy Casares (Díaz; Parra, 1993: 66)

Las denominaciones "tirano" y "escultor" explícitas en el discurso, nos sintetizan las características implicadas de estos personajes, además de los diálogos entre ellos motivados por una acción externa - el vuelo del pájaro- brindan la dimensión de los personajes o actores. Los gestos o actitudes pueden informar sobre los personajes, pueden definirlos. En el siguiente ejemplo, la metáfora que utiliza el narrador-personaje nos informa sobre otro actor y la acción conjunta entre ellos, una sensación para el receptor ya explícita en el título del relato:

Sensación

Antes del adiós, tenía el mismo lenguaje de una casa deshabitada, su mirada patética, sus puertas entrecerradas pero infranqueables, por eso en tus ojos me vi condenado a permanecer encerrado afuera, al borde de la locura.

Nelson Osorio Marín (Díaz; Parra, 1993: 52)

Veamos otro caso en el cual los personajes son definidos - por el contrario - por una cantidad de adjetivos que en el sentido implicado provocan la única acción del relato:

Inevitable

El era signo de fuego, destellante, chispeante, fascinante, centelleante, rutilante, llameante, fulgurante, eclipsante, jugueteante, tintineante, deslumbrante, volátil e inasible.

Ella era signo de agua, ondulante, inundante, zigzagueante, provocante, esquivante, titubeante, amenazante, apabullante, ahogante, suave y fresca.

La relación fue un corto circuito.

Carmen Cecilia Suarez (Díaz; Parra, 1993: 57)

Las relaciones entre los personajes están determinadas por la red de acciones del relato. Esto permite observar la evolución o degradación de éstos, dentro de las distintas etapas de la narración. La parquedad de los indicios o informaciones en la siguiente minificción, son suficientes para mostrar al receptor la naturaleza de los personajes y, cómo cada uno está perfectamente definido por la acción que recae sobre ellos, en este caso, La Mujer como actante que maneja el eje del poder:

Los deberes infinitos

Sucedió hace siglos de los siglos que la mujer más hermosa de la tierra, de cuya belleza se tenía noticia en todo el mundo, decidió favorecer a un hombre cualquiera.

De todas partes llegaron los hombres más famosos y diestros, en el arte del amor y, además, los más ruines, los menos galantes. Se reunieron en la plaza principal de la ciudad. Llenáronla hasta el punto que si alguien se movía causaba el mal.

La mujer se enfrentó a la multitud ataviada con insinuantes ropas, y no pocos murieron asfixiados entre el calor de los demás.

-Sólo uno de ustedes tendrá derecho a mi cuerpo, dijo, y se dispuso a realizar un concurso para elegir el afortunado que habría de poseerla.

- Dejadlos entrar a mi mansión uno por uno, y fue acatada. El primero sintió que su corazón se partía al ver a la mujer de cerca.

- Por favor - le dijo ella con dulce voz- toma la manta que cubre aquella cama. Prepárala para nuestro acto.

El hombre corrió y arrancó la manta para llevarla ante la mujer.

- No has cumplido. Otra manta igual cubre mi lecho. Sólo cuando esté preparado me acostaré contigo.

El hombre corrió de nuevo, pero una tras otra se sucedían las mantas en la cama. Uno tras otro iban entrando los hombres a la mansión y para todos la mujer hallaba un oficio infinito, como correr una cortina sucedida por otra o abrir una puerta, después otra y otra después, infinitamente.

Cuando todos los hombres estaban atareados en sus deberes infinitos, apareció uno delgado y pálido. Dijo venir del lugar más apartado de la tierra, dijo traer el sonido de la tierra. La mujer se acostó inmediatamente con él.

El hombre parecía morir en sus encantos y cumplió perfectamente su función, pero al haberla terminado tuvo que empezar de nuevo, porque ese deber también como los otros, era infinito.

Luis Fernando Macías (Díaz; Parra, 1993: 58)

Los personajes en la minificción son denominados "hombres" y "mujeres". Son personajes simbólicos por las acciones; pueden ser también personajes históricos o míticos re-creados; pueden ser animales u objetos animados.

4. La focalización.

Según Genette la focalización es la mirada, es "quien ve", que en ocasiones puede ser el mismo narrador. La focalización tiene un sujeto y un objeto (el focalizador y lo focalizado). La focalización puede ser interna o externa a la historia. La externa se siente cerca del agente narrador y su vehículo se llama "focalizador-narrador". En el siguiente ejemplo el focalizador es externo a la historia, sin embargo, su mirada es interna, presenta la focalización desde adentro, penetrando los sentimientos y pensamientos de lo focalizado.

La pérdida

Helena soñó que estaba en su infancia y no veía nada. Manoteando en la oscuridad, ella pedía ayuda; pedía luz a gritos, pero nadie encendía las lámparas. En aquella negrura no podía ubicar sus cosas, que estaban desparramadas por toda la casa y por toda la ciudad, y ella buscaba lo suyo a tientas en la cerrazón y también buscaba algodón o trapos o lo que fuera, porque estaba perdiendo sangre a chorros entre las piernas, mucha sangre, cada vez más sangre, y aunque ella no veía nada, sentía aquel río rojo y espeso que se desprendía de su cuerpo y se perdía en las tinieblas.

Galeano, Eduardo, (El libro de los abrazos,1989: 183)

El grado de persistencia de la focalización en el anterior relato es fijo, es decir el ángulo de focalización no se altera. La faceta de la focalización es psicológica, aunque el discurso es objetivo; el sentido implicado es emotivo. Una sola frase: "pedía luz a gritos", nos remite a la faceta emotiva; aquí encontramos la síntesis discursiva de la mnificción que permite registrar el tipo de focalización.

La focalización interna se presenta cuando el sujeto focalizador pertenece a la historia, es parte del universo representado. Un focalizador interno percibe el objeto desde adentro, en este caso, el focalizador es focalizado. Veamos:

La visita

Tocan a la puerta. Seguro es la misma persona que vino ayer, que vino anteayer, que ha venido todos estos días, que me asedia y me fastidia; iré a abrirle. Seguramente se sentará en mi silla, cogerá mis libros, fumará mi pipa. Antes de abrirle me asomaré a la ventana. Sí, ya lo veo, allí está. Ciertamente es el mismo. Puedo demorarme un momento pero volverá a llamar. Terminará por entrar. Lo que me sorprende es que desaparezca cuando entra y siempre sea yo quien hace sus movimientos.

Javier Tafur González (Bustamante; Kramer, 1994: 15)

En esta minificción, el focalizador-narrador nos presenta la mirada desde adentro de la historia, autofocalizándose, como la mano de Escher que se dibuja a sí misma. La síntesis discursiva en el final de la minificción, permite ese efecto de desdoblamiento en la focalización, que a la vez hace de elemento sorpresa. La faceta ideológica en el focalizador, puede presentarse igualmente en la brevedad del discurso, inclusive a partir del mismo título del relato- el focalizador externo penetra en los pensamientos del personaje, en este caso el caballo, para expresar sus caracteres ideológicos y cosmovisión, desde su triple posición como autor-narrador-focalizador:

Caballo imaginando a Dios

A pesar de lo que digan, la idea de un cielo habitado por caballos y presidido por un Dios con figu-

ra equina repugna al buen gusto y a la lógica más elemental, razonaba los otros días el caballo.*

Todo el mundo sabe - continuaba en su razonamiento- que si los caballos fuéramos capaces de imaginar a Dios lo imaginaríamos en forma de jinete.

Monterroso (Díaz; Parra, 1993: 20)

La síntesis como constante de la minificción en la focalización, cumple igualmente ese carácter que hemos venido señalando: la brevedad del discurso literal, contiene o deriva el sentido implicado, es decir, a partir de una sola frase, una palabra, - prescindiendo de las extensas descripciónes en espacio, tiempo, personajes- se logra la dimensión sémica que connota la literalidad. Las acciones son los agentes que implican o determinan la naturaleza de las figuras, y la focalización. La densidad de la minificción de Monterroso *El dinosaurio*, obliga al lector a desentrañar el sentido implícito en el texto que puede desencadenar un discurso semiótico complejo. Las dos acciones denotadas en la narración "despertar" y "estar" implican un focalizador externo a la historia, cuya mirada puede connotar tantas facetas, como receptores que completen el proceso narrativo e interpretativo. Esto se relaciona con el concepto de competencia narrativa, en el cual "la ingenuidad de la mirada libre es mentira, cuando no expresión de una incompetencia declarada" (Argüello. 1994: 11) tanto en el escritor como en el receptor.

5. La competencia narrativa.

La competencia narrativa, es la descripción de las estructuras inmanentes de un texto, que hace que se instale simétrica o asimétricamente con la del receptor, siendo éstos el producto de los diversos hechos culturales y el resultado de la estructura del texto mismo. (Argüello, 1994: 27)

El estructuralismo ortodoxo al reducir el texto al análisis estructural interno, con el propósito de explicar cómo las unidades estructurales producen sentido, descuidó la parte que pone en acción esas estructuras: la recepción. A partir de los aportes de sociolingüistas como Labov y Hymes y semiólogos como Eco, Genette, Greimas y Barthes y algunas teorías generales de Jauss, Iser y otros sobre la recepción, se ha construido una teoría sobre la competencia narrativa (Argüello, 1994: 34).

Argüello anota: "La competencia narrativa es la capacidad que tiene un individuo para entender y construir un texto". Esto implica la capacidad del escritor para construir una estructura narrativa compleja, más allá de la historia simple, de aventuras rápidas y de fácil comprensión para el receptor. Una alta competencia narrativa implica para el escritor un bagaje, una experiencia y un conocimiento profundo sobre las técnicas, artificios, estructuras que den al relato un carácter simbólico, que por supuesto no será de fácil lectura para el receptor que ha educado su mente con lecturas ingenuas, esto dará lugar a una recepción asimétrica del texto, es decir, se creará una ruptura en la comunicación, o en el caso contrario, el receptor hace una "transcodificación" del texto, es decir hace una lectura acomodada a su propio lenguaje artístico. (Lotman, 1988: 38).

Como se señaló con anterioridad, un texto simbólico, irónico, intemporal, metafórico y de alta densidad sémica como la minificción requiere de un lector especializado, con una alta competencia narrativa y simbólica, poseedor de saberes, que sea capaz de completar el sentido o sentidos implicados. Semejante en la brevedad al video-clip -como producto de consumo en el mercado de los medios masivos de comunicación de la era posmoderna- la minificción se diferencia por tener una alta competencia narrativa; la semiosis infinita de estos cortísimos relatos implican un receptor igualmente ágil y rápido para capturar el sentido; mientras más breve sea el texto en su literalidad, más complejo y extenso será el sentido implicado; más alta la competencia del emisor y del receptor. Indudablemente la extensión no implica competencia, pues hay minificciones que caen en el chiste fácil y obvio, la competencia está en la contrucción del tejido narrativo y la carga simbólica que proporcionan la unidad del relato.

La sintaxis dentro de la competencia narrativa tiene el siguiente proceso: un abstract o sumario (Argüello, 1994: 43), que en la minificción se presenta algunas veces en el título y en la relación que existe entre éste y el contenido simbólico, como un nexo que produce sentido, subrayado además por un subtítulo que resume la historia, como en este relato:

El encontrador

(Cantata de uno que se gana la vida en la plaza pública)

Yo puedo encontrarlo todo, si me lo propongo. Un día encontré una hormiga, una sola entre todas las hormigas de este mundo y del otro: pude hallarla en la axila de la más bella muchacha muerta. He encontrado corazones que llevaban siglos perdidos, joyas y cartas que decidieron más de una guerra, y piedras y restos de comida, soy el encontrador, famoso en este mundo y en el otro, no cobro por mis servicios, vivo de lo que me den - en los entierros y en los bautizos- puedo encontrarlo a usted - si usted quiere- encuentro vidas que se pierden, gatos, ollas y niños. Luces, ríos, astros y momias, letras y números, puedo encontrarlo todo, y es por esto que nada en este mundo se ha perdido, ni en el otro, excepto yo mismo, pues no se quién soy ni para qué diablos sirvo, y no estoy satisfecho conmigo, ni con mis encuentros, quisiera encontrarme, sé que estoy perdido, en cualquier esquina de este mundo - y del otro y soy, sin embargo, El Encontrador.

Evelio José Rosero (Díaz; Parra, 1993: 90)

El segundo elemento en ese proceso de la competencia narrativa es la orientación, es decir, "la ubicación del receptor en los hechos: el espacio, el tiempo (época, periodo), los participantes (rol y relación de los personajes, etc.)" (Argüello, 1994: 44). En el caso de la anterior minificción, la orientación puede darse a lo largo del relato y, sólo en el final el receptor estará orientado, o muchas veces la orientación no es literal sino implicada, como en el ya mencionado cuento de *El dinosaurio*. La síntesis de la narración puede provocar dos situaciones: orientar a priori al receptor, u orientarlo a posteriori.

Respecto de la historia y sus conflictos, o relato detallado de las acciones ya hemos expresado que las acciones en la minificción son vertiginosas y de rápida solución, generalmente llenas de elipsis. En cuanto a la evaluación, comentario o impresión final, el asombro y la sorpresa son el cierre o remate del relato breve, si no explícito, sí en la interpretación o emoción de la recepción:

Pesadilla

El niño despertó, gritando horrorizado: "¡Mamá, mamá, soñé que estabas viva!"

La madre, como todas las noches cuando escuchaba llorar a su espantadizo hijo acudió a consolarlo, flotando imperceptible y ligera por el amplio cuarto adornado todo con espejos quebrados.

Humberto Senegal (Bustamante; Kramer, 1994: 145)

La intertextualidad, con respecto a la competencia narrativa en la minificción se presenta en las parodias, re-creaciones de personajes, épocas, circunstancias, en algunas ocasiones tomando citas como en los relatos de Borges, trastocando o adaptando mitos, por eso, "la intertextualidad es una manera de dar carácter polifónico a la obra literaria" (Arguello 1994: 98).

Prometeo a su buitre predilecta

Más arriba, a la izquierda, tengo algo muy dulce para tí. (Ella se obstinó en el hígado y no supo el corazón de Prometeo).

Arreola, Juan José, (1980: 144)

En síntesis, la minificción es un discurso literario que exige una alta competencia narrativa: la intertextualidad, implica erudición o cognición por parte del emisor y del receptor de la obra, para lograr en consecuencia, una simetría entre las dos estructuras narrativas.

Epílogo

Quizá uno de los textos más breves en el discurso, y más profundo y extenso en el sentido implicado es aquel que dice: Hágase la luz y la luz se hizo. En estas ocho palabras están contenidos el discurso narrativo, el tiempo, el espacio, los actantes y personajes de una de las teogonías más antiguas del mundo, que nos sirve como epílogo del análisis que hasta aquí hemos desarrollado para definir la minificción como un género.

La minificción es un discurso literario muy breve que consta como toda narración de un discurso y una historia.

Discurso: "Hágase la luz y la luz se hizo"

Historia: Ordenación del caos por un Dios que crea la luz y con ella todo el proceso mismo de la creación del mundo y del hombre.

La minificción se caracteriza por la síntesis narrativa que desarrolla la acción en forma rápida y elíptica.

La acción: Está contenida en el verbo hacer", el espacio está en el sentido implicado: el Universo. Esta minificción es intemporal, abarca un tiempo mítico o histórico.

Puede actuar un sólo personaje o muchos personajes implícitos, como en este caso: Dios y la Humanidad.

El narrador y el focalizador están de igual forma implícitos. Revelación de Dios a los hombres. Es de una alta competencia narrativa. Definición genérica:

La minificción es un género literario que se caracteriza por ser un discurso muy breve cuya síntesis narrativa provoca una explosión sémica y un efecto estético a partir del sentido implicado del texto,

que puede ser simbólico, irónico, alegórico, filosó-
fico e insólito.

Definición poética:

La minificción es un agujero negro en el universo
de la literatura.

Indice alfabético

BIBLIOGRAFIA

ALONSO, Martín. Ciencia del lenguaje y arte del estilo, Aguilar, Madrid, 1979, tomo I.

ANDERSEN. Cuentos, Alianza Editorial, Bogotá, 1994

ARANGO, Jesús. Mitología en América precolombina, Plaza y Janés, Bogotá, 1989.

ARGUELLO, Rodrigo. La muerte del relato metafísico, Si Editores, Bogotá, 1994.

ARONNE AMESTOY, Lida. América en la encrucijada de mito y razón, Fernando García Cambeiro, Buenos Aires, 1976.

ARREOLA, Juan José. Confabulario personal, Bruguera, Barcelona, 1980. BARTHES, Roland. El susurro del lenguaje, Paidós, Barcelona, 1987.

BERINSTAIN, Helena. Análisis estructural del relato literario, Universidad Autónoma de México, México, 1982.

BOCACCIO. El decamerón, Bruguera, Barcelona, 1973.

BORGES, Jorge Luis, Manual de zoología fantástica, Fondo de cultura económica, México, 1980.

CASARES, Bioy; OCAMPO, Silvina.   Antología de la literatura fantástica, Editorial Sudamericana, Buenos Aires, 1993.

BOTERO, Juan Carlos. Semillas del tiempo, Planeta, Bogotá, 1992.

BOUSOÑO, Carlos. Superrealismo poético y simbolización, Editorial Gredos, Barcelona, 1985.

BUSTAMANTE, Guillermo; KRAMER, Harold. Antología del cuento corto colombiano, Equoreo, Cali, 1994.

CALVINO, Italo. Seis propuestas para el próximo milenio, Siruela, Madrid,1984

Las ciudades invisibles, Minotauro, Barcelona, 1985.

CASTAGNINO, Raul H. Cuento-artefacto y artificios del cuento, Editorial Nova, Buenos Aires, 1977.

CIORAN, E. M. Silogismos de la amargura, Monte Avila Editores, Caracas, 1980.

CIRLOT, Juan Eduardo. Diccionario de símbolos, Editorial Labor, Madrid. CHAUCER, Geoffrey. Cuentos de Canterbury, Círculo de lectores, Barcelona, 1972.

Clásicos de la literatura persa, Editorial Trillos, México, 1986.

CORTÁZAR, 1990, "costumbres de los famas", En Magazín Dominical El espectador, Bogotá, No. 383, p. 5.

DE LEON, Gilberto. Cuentistas hispanoamericanos en la Sorbona, Banco de la República, Bogotá, 1992.

DE RIQUER, Martin; VALVERDE, José María. Historia de la literatura universal, Planeta, Barcelona, 1985.

DIAZ C., Rodrigo; PARRA R., Carlos. Breve teoría y antología sobre el minicuento latinoamericano, Samán Editores, Neiva, 1993.

DON JUAN MANUEL. El Conde Lucanor y otros cuentos medievales, Bruguera, Barcelona, 1973.

GALEANO, Eduardo. El libro de los abrazos, Siglo XXI, Bogotá, 1989.

GARCÍA CAMBEIRO, Fernando, Literatura y hermenéutica, Buenos Aires, 1986.

GARRIDO GALLARDO, Miguel Teoría de los géneros literarios, Arco Libros, Madrid, 1988.

HEMINGWAY, Ernest. The Short Stories, The Modern Library, New York, 1948.

KAFKA, Franz. La metamorfosis y otros cuentos, Oveja Negra, Bogotá, 1983.

LOTMAN, Iurim. Estructura del texto artístico, Ediciones Itsmo, Madrid, 1988.

MENDEZ, L.; SANCHEZ; INGLADA. La fábula a través del tiempo, Sopena S.A., Barcelona, 1978.

MONTERROSO, Augusto. Lo demás es silencio, Plaza y Janés, Barcelona, 1985.

Obras completas y otros cuentos, Joaquín Mortiz, Méjico, 1980.

NOGUEROL, Francisca, 1996, "Micro-relato y posmodernidad: Textos nuevos para un final de milenio"   En Revista Interamericana de Bibliografía, Inter.- American Review of Bibliography,   periodicidad trimestral, volumen XLVI, N° 1-4.

NORTHORP, Frye. Anatomía de la crítica, Monte Avila Editores, Caracas, 1991.

OCAMPO, Jorge, 1990"Cuentos breves" En Magazín dominical , Bogotá, El Espectador, No. 39   pg.19.

OVIDIO. Metamorfosis, Iberia, Barcelona, 1955.

PAPINI, Giovanni. Obras, Plaza y Janés, Barcelona, 1961.

PRAMPOLINI, Santiago. Historia mundial de la literatura, Vol I y II, Uteha, Buenos aires, 1940.

PIÑERA, Virgilio. Dos veces bueno, Desde la gente, Chile, 1996.

RODRÍGUEZ, Rigoberto, Antifábulas y otras brevedades, Texto sentido editores, Caracas, 2004.

ROJO, Violeta, Breve manual para reconocer minicuentos. Universidad Autónoma Metropolitana, México, 1997.

SHAPARD, Robert; JAMES, Tomas. Ficción súbita, Anagrama, Barcelona, 1989. SHUA, Ana María. Casa de geishas, Sudamericana, Buenos Aires, 1992

TAGORE, Rabindranath. El jardinero, Losada, Buenos Aires, 1966.

TITTLER, Jonathan. Ironía narrativa en la novela hispanoamericana contemporánea, Banco de la República, Bogotá, 1984.

TODOROV, Tzvetan. Simbolismo e interpretación, Monte Avila Editores, Caracas, 1982. VERNET, Juan. Las mil y una noches, Planeta, Barcelona, 1984.

URIBE, Augusto. Latinoamérica fantástica, Ultramar Editores, Buenos Aires, 1985.

ZAVALA, Lauro. Teorías de los cuentistas, Universidad Autónoma de México, México, 1993.

_______Relatos vertiginosos, Alfaguara, México, 2000.

_____________La minifición bajo el microscopio, Universidad Pedagógica Nacional. Bogotá, 2005.

Antologías y estudios sobre minificción
Lauro Zavala

Esta bibliografía sólo incluye títulos de volúmenes individuales o colectivos dedicados íntegramente a la minificción literaria, es decir, textos narrativos cuya extensión es menor a 250 palabras. En total son 80 títulos, de los cuales 59 son en español, 18 en inglés, y algunos en alemán, italiano o francés.

Se han incluido, además de libros, algunos volúmenes y dossiers monográficos de libros colectivos y revistas literarias y de investigación (RIB, Quimera, El Cuento en Red, América, Boletín CLE, etc.) y algunas tesis de licenciatura, maestría y doctorado.

El primero de estos libros fue publicado en Argentina en 1953 (los Cuentos breves y extraordinarios reunidos por Borges y Bioy), seguido en México por la importante antología miscelána El libro de la imaginación (1976) de Edmundo Valadés. La mayor parte han sido publicados a partir de 1990, pues hasta ese momento (incluyendo ese mismo año) se habían publicado 15 títulos. En 1991 se publicó 1 título, y a partir de ese momento la publicación de estudios y antologías es constante: 1992 (1), 1993 (5),

1994 (3), 1995 (2), 1996 (6), 1997 (5), 1998 (3), 1999 (3), 2000 (4), 2001 (6), 2002 (9), 2003 (4), 2004 (6), 2005 (5).

Aquí se han dejado de lado los estudios monográficos sobre algún escritor y las antologías de escritores individuales. Y se han incluido únicamente materiales relacionados con la minificción literaria, por lo que se han dejado de lado las compilaciones y los estudios sobre textos narrativos breves de carácter infantil, religioso, espiritual o terapéutico, y sobre géneros próximos a la minificción, como el hai ku, el poema ultracorto y los aforismos.

Además de los trabajos publicados en Alemania, España, Estados Unidos, Inglaterra, Italia, Francia y Nueva Zelandia, aquí se incluyen títulos publicados en Argentina, Chile, Colombia, México y Venezuela, es decir, en

5 idiomas y 11 países.

Esta bibliografía está presentada en dos formas distintas. En primer lugar se presenta en orden cronológico, y a continuación se presentan los mismos 80 títulos en orden alfabético, distribuidos en tres grupos: estudios generales (19), estudios inéditos (8) y antologías (53).

Estudios y antologías de minificción en orden cronológico

Borges, Jorge Luis & Adolfo Bioy Casares, eds. 1953 Cuentos breves y extraordinarios. Antología. Buenos Aires, Losada, 1997

Goodman, Roger B., ed. 1961   75 Short Masterpieces. Stories from the World's Literature. New York, Bantam Books

Asimov, Isaac & Groff Conklin, eds. 1963   50 Short Science Fiction Tales. New York, Scribner Paperback Fiction, 1997

Avilés Fabila, René, ed. 1970   Antología del cuento breve del siglo XX en México. Incluido en el Boletín núm. 7 de la Comunidad Latinoamericana de Escritores. México, pp. 1-22

Valadés, Edmundo, ed.: 1984 El libro de la imaginación. México, Biblioteca Joven, Fondo de Cultura Económica, 1984 (tiraje de 30,000 ejemplares)

Asimov, Isaac; Martin Greenberg & Joseph Olander, eds. 1980   Microcosmic Tales. 100 Wondrous

Science Fiction Short- Short Stories. New York, Daw Books, 1992

Asimov, Isaac; Martin Greenberg & Joseph Olander, eds. 1981   100 Malicious Little Mysteries. New York, Barnes & Noble Books, 1992

Howe, Irving & Ileana Wiener Howe, eds. 1983 Short Shorts. An Anthology of the Shortest Stories. New York, Bantam Books

Koch, Dolores M. 1986   "El micro-relato en México: Julio Torri, Juan José Arreola y Augusto Monterroso". The City University of New York. Tesis doctoral, 232 p.

Shapard, Robert & James Thomas, eds. 1986 Sudden Fiction. American Short-Short Stories. Layton, Utah, Gibbs M. Smith Inc. (Traducido al español como Ficción súbita. Relatos ultracortos norteamericanos. Barcelona, Anagrama, 1989)

Fernández Ferrer, Antonio, ed. 1988   La mano de la hormiga. Los cuentos más breves del mundo y de las literaturas hispánicas. Alcalá, Universidad de Alcalá de Henares, Fugaz Ediciones

Shapard, Robert & James Thomas, eds. 1989   Sudden Fiction International. 60 Short Short Stories. New York & London, W. W. Norton

Pollastri, Laura 1989 "Hacia una poética de las formas breves en la actual narrativa hispanoamericana: Julio Cortázar, Juan José Arreola y Augusto Monterroso". Universidad Nacional del Comahue, Neuquén, Argentina

Zahava, Irene, ed. 1990 Word of Mouth. Short-Short Stories by 100 Women Writers, vol. 2. Freedom,

Bell, Andrea California, The Crossing Press 1990 "The cuento breve in modern Latin American literature". Stanford University. Tesis doctoral, 1991 (sobre Venezuela, Argentina, Uruguay, Chile)

 Epple, Juan Armando: ed. 1991 Brevísima relación. Antología del micro-cuento hispanoamericano. Santiago de Chile, Editorial Mosquito Comunicaciones. (Hay una nueva edición publicada en 1999)

Cajero Vázquez, Antonio 1992 "El lector en Continuidad de los parques. Un cuento de Julio Cortázar". Toluca, Universidad Autónoma del Estado de México, Tesis de Licenciatura en Letras Latinoamericana

Thomas, James; Denise James & Tom Hazuka, eds. 1993 Flash Fiction. 72 Very Short Stories. New York, W. W. Norton

Díaz, R. y Carlos Parra 1993 Breve teoría y antología sobre el minicuento latinoamericano. Neiva (Colombia), Samán Editores

Sorensen, Rosemary, ed. 1993 Microstories. Tiny Stories. Auckland-London, Angus & Roberstson (Harper & Collins)

López Parada, Esperanza 1993 Bestiarios americanos: la tradición animalística en el cuento hispanoamericano". Tesis doctoral, Universidad Complutense de Madrid

Weinberg, Robert; Stefan Dziemianowicz & Martin Greenberg, eds. 1993 Dastardly Little Detective Stories. New York, Barnes & Noble

Helguera, Luis Ignacio, ed. 1993 Antología del poema en prosa en México. México, Fondo de Cultura Económica

Bustamante, Guillermo Zamudio & Harold Kremer, eds. 1994 Antología del cuento corto colombiano. Colombia, Universidad del Valle

Quiroz Velázquez, Carmina Angélica & Verónica Vargas Esquivel 1994 "Una propuesta para desmitificar el Génesis 3". Universidad Autónoma del Estado de México, Tesis de Licenciatura en Letras Latinoamericanas

Brandenberger, Edna, ed. 1994   Cuentos brevísimos / Spanische Kürzest-geschichten. Munich, Deutscher Taschenbuch Verlag Moss, Steve, ed.

1995   The World's Shortest Stories. Murder. Love. Horror. Suspense. All this and much more in the most amazing short stories ever written—each one 1998 just 55 words long! Philadelphia – London, Running Press,

Toti, Gianni, ed. 1995   I racconti piú brevi del mondo. Roma, Edizioni Fahrenheit 451

Epple, Juan Armando, ed. 1996   Brevísima relación sobre el cuento brevísimo. Washington, Organización de Estados Americanos. Número especial cuádruple de la Revista Interamericana de Bibliografía. Contiene 12 estudios sobre el género y una antología de 100 minificciones hispanoamericanas

Jiménez Emán, Gabriel, ed. 1996   Ficción mínima. Muestra del cuento breve en América. Caracas, Fondo Editorial Fundarte

Rodríguez Romero, Nana 1996   Elementos para una teoría del minicuento. Tunja (Colombia), Colibrí Ediciones

Stern, Jerome, ed. 1996   Micro Fiction. An Anthology of Really Short Stories. New York, W.W.

Norton Brasca, Raúl, ed. 1996 Dos veces bueno. Cuentos brevísimos latinoamericanos. Buenos Aires, Instituto Movilizador de Fondos Cooperativos Círculo Cultural Faraoni 1996

Quince líneas. Relatos hiperbreves. Prólogo de Luis Landero. Barcelona, Tusquets, Serie Andanzas, Num. 288. Barcelona

Brasca, Raúl, ed. 1997 2 veces bueno 2. Más cuentos brevísimos latinoamericanos. Buenos Aires, Instituto Movilizador de Fondos Cooperativos

Del Valle Pedrosa, Concepción1997"Como mínimo. Un acercamiento a la microficción hispanoamericana". Universidad Complutense de Madrid. Tesis doctoral, 528 p. Pérez Beltrán, Angela María 1997   Cuento y minicuento. Bogotá, Colombia, Página Maestra Editores. Contieneun estudio del género y una antología

Rojo, Violeta 1997   Breve manual para reconocer minicuentos. México, Universidad Autónoma Metropolitana Azcapotzalco, 1997. Contiene una antología en las páginas 135-191

Lagmanovich, David 1997 Microrrelatos. Tucumán (Argentina), Cuadernos de Norte y Sur Allen,

Roberta 1997 Fast Fiction. Creating Fiction in Five Minutes. Cincinatti, Ohio, Story Press

Torres, Alejandra, ed. 1998 Cuentos breves latinoamericanos. Buenos Aires, Coedición Latinoamericana, 1998 América.

Cahiers du CRICCAL no. 18 1998 Formes brèves de l'expression culturelle en Amérique Latine de 1950 à nousjours. Tome 1: Poétique de la forme breve. Conte, Nouvelle. París, Université de la Sorbonne Nouvelle

Tomassini, Graciela & Stella Maris Colombo1998 Comprensión lectora y producción textual. Minificción hispanoamericana. Rosario, Argentina, Editorial Fundación Ross. Contiene una breve antología didáctica

González, Joseluis, ed. 1999   Dos veces cuento. Antología de microrrelatos. Madrid, Ediciones Internacionales Universitarias

Zavala, Lauro, coord. 1999 Lecturas simultáneas. La enseñanza de lengua y literatura con especial 1999 Contiene Chile, Estados atención al cuento ultracorto. México, UAM Xochimilco, ocho estudios y ensayos provenientes de Brasil, Canadá, Unidos, México y Perú

Moss, Steve & John M. Daniel, eds. 1999 The World's Shortest Stories of Love and Death. Passion. Betrayal. Suspicion. Revenge. All this and more in a new collection of amazing short stories – each one just 55 words long! Philadelphia – London, Running Press, Philadelphia

El Cuento en Red. Estudios sobre la Ficción Breve 2000 Núm. 1. La Minificción en Hispanoamérica, Primera Parte. Este número y el siguiente contienen los trabajos presentados en el Primer Encuentro Internacional de Minificción, Ciudad de México, 1998 http://cuentoenred.org

El Cuento en Red. Estudios sobre la Ficción Breve 2000 Núm. 2. La Minificción en Hispanoamérica, Segunda Parte http://cuentoenred.org

Díaz, José, ed. 2000   Ojos de aguja. Antología de microcuentos. Barcelona, Círculo de Lectores

Navagómez, Queta, ed.2000   100 cuentos brevísimos de Latinoamérica. México, Instituto Politécnico Nacional, Colección Cuadernos Politécnicos, núm. 17

Brasca, Raúl & Luis Chitarroni, eds. 2001 Antología del cuento breve y oculto. Buenos Aires, Sudamericana

Círculo Cultural Faroni 2001   Galería de hiperbreves. Barcelona, Tusquets

Romera Castillo, José y Francisco Gutiérrez Carbajo, eds. 2001   Sobre el microrrelato. Conjunto de ocho artículos incluidos en el volumen colectivo El cuento en la década de los noventa. Madrid, Universidad Nacional de Educación a Distancia (UNED) / Visor Libros, Biblioteca de Filología Hispánica, vol. 54, pp. 641-742

Fraga, Zulma et al., eds. 200 Relato breve. Antología, Certamen Contextos. Buenos Aires, Piso 12

Latorre Zacarés, Víctor y Mario Máñez Aracil, eds. 2001 Microrrelatos. Antología y taller. Tilde, Valencia

Rojas, Seidy2001 "De textos muchos y lectores pocos. La metaficción en el relato   hispanoamericano". Tesis de Maestría en Teoría Literaria, Universidad Autónoma Metropolitana, Iztapalapa, México

Zavala, Lauro, coord. 2002   La minificción en Hispanoamérica. Dossier monográfico de Quimera. Revista de Literatura. Barcelona, núm. 211- 212. Febrero 2002. (Contiene 17 artículos)

García Henares, Loles; Emilia Gómez Gómez; Antonio González Morales, eds. 2002   Mucho cuento. Narraciones breves del XIII al XX. Tilde, Valencia

Martín, Rebeca y Fernando Valls, coords. 2002   El microrrelato en España. Dossier monográfico de Quimera. Revista de 9 artículos) Literatura. Barcelona, núm. 222. Noviembre 2002. (Contiene

Zavala, Lauro, ed. 2002   El dinosaurio anotado. Edición crítica de "El dinosaurio" de Augusto Monterroso. México, Alfaguara / UAM Xochimilco

Obligado, Clara, ed. 2002   Por favor, sea breve. Antología de relatos hiperbreves. Madrid, Páginas de Espuma

Brasca, Raúl, ed. 2002   Dos veces bueno 3. Cuentos breves de América y España. Buenos Aires, Instituto Movilizador de Fondos Cooperativos

González, Henry, ed. 2002   La minificción en Colombia. Antología. Bogotá, Universidad Pedagógica Nacional de Colombia

Zavala, Lauro, ed. 2002   La minificción en México: 50 textos breves. Bogotá, Universidad Pedagógica Nacional de Colombia

Epple, Juan Armando, ed. 2002   Cien microcuentos chilenos. Santiago, Editorial Cuarto Propio

Zavala, Lauro, ed. 2003   Minificción mexicana. Antologías del Siglo XX, Vol. 4. México, Coordinación de Humanidades / Dirección de Literatura / Facultad de Filosofía y Letras (Universidad Nacional Autónoma de México)

Díaz Perucho, Javier 2003   Microficciones. Panorama del microrrelato mexicano, siglo XX. Tesis de Maestría en Literatura Mexicana, FFyL, UNAM

Bustamante Zamudio, Guillermo y Harold Kremer, eds. 2003   Los minicuentos de Ekuóreo. Cali, Colombia, Deriva Ediciones

Queen, Carol, ed. 2003   Five Minute Erótica. 35 Passionate Tales of Sex and Seduction. Philadelphia / London, Running Press

Delucchi, Silvia y Noemí Pendzik, eds. 2000En frasco chico. Antología de microrrelatos. Buenos Aires, Colihue, Serie Leer y Crear

Luesakul, Pasuree 200 "El bestiario en Los animales prodigiosos de René Avilés Fabila". Tesis de Maestría en Estudios Latinoamericanos, Universidad de Salamanca

Noguerol Jiménez, Francisca, ed. 2004   Escritos disconformes. Nuevos modelos de lectura. Actas y Antología del Segundo Congreso Internacional de Minificción, Salamanca,

2002

Jaramillo Levi, Enrique, ed. 2004   La minificción en Panamá. . Bogotá, Universidad Pedagógica Nacional de Colombia

Rojo, Violeta, ed. 2004   La minificción en Venezuela. Bogotá, Universidad Pedagógica Nacional de Colombia

Brasca, Raúl & Luis Chitarroni, eds 2004   Textículos bestiales. Cuentos breves de animales reales o imaginarios. Buenos Aires, Instituto Movilizador de Fondos Cooperativos

Cáceres Milnes, Andrés y Eddie Morales Piña, eds. 2005   Asedios a una nueva categoría textual: el microrrelato. III Congreso Internacional de Minificción, 2004. Ediciones de la Facultad de Humanidades de la Universidad de Playa Ancha, Valparaíso, Chile

Lagmanovich, David, ed. 2005   La otra mirada. Antología del microrrelato hispánico. Palencia, España, Menos Cuarto

Brasca, Raúl, ed. 2005   De mil amores. Antología del microrrelato amoroso. Barcelona, Thule Editores

Epple, Juan Armando, ed. 2005   Micro-Quijotes. Barcelona, Thule Editores

Zavala, Lauro 2005   La minificción bajo el microscopio. Bogotá, Universidad PedagógicaNacional de Colombia

Estudios y antologías de minificción en orden alfabético

Estudios generales sobre minificción

Allen, Roberta: Fast Fiction. Creating Fiction in Five Minutes. Cincinatti, Ohio, Story Press, 1997

América. Cahiers du CRICCAL no. 18: Formes brèves de l'expression culturelle en Amérique Latine de 1950 à nous jours. Tome 1: Poétique de la forme breve. Conte, Nouvelle. París, Université de la Sorbonne Nouvelle, 1998

Cáceres Milnes, Andrés y Eddie Morales Piña, eds.: Asedios a una nueva categoría textual: el microrrelato. III Congreso Internacional de Minificción, 2004. Ediciones de la Facultad de Humanidades de la Universidad de Playa Ancha, Valparaíso, Chile, 2005

Díaz, R. y Carlos Parra: Breve teoría y antología sobre el minicuento latinoamericano. Neiva (Colombia), Samán Editores, 1993

Epple, Juan Armando, ed.: Brevísima relación sobre el cuento brevísimo. Washington, Organización de Estados Americanos. Número especial cuádruple de la Revista Interamericana de Bibliografía, 1996. Contiene 12 estudios sobre el género y una antología de 100 minificciones hispanoamericanas El Cuento en Red.

Revista de Teoría y Análisis Literario, núms. 1 y 2 (2000). Actas del Primer Encuentro Internacional de Minificción (México, 1998). htpp://cuentoenred.org

Lagmanovich, David: Microrrelatos. Tucumán (Argentina), Cuadernos de Norte y Sur, 1997

López Parada, Esperanza: "Bestiarios americanos: la tradición animalística en el cuento hispanoamericano". Tesis doctoral, Universidad Complutense de Madrid, 1993

Noguerol Jiménez, Francisca, ed.: Escritos disconformes. Nuevos modelos de lectura. Actas y Antología del Segundo Congreso Internacional de Minificción (Salamanca, 2002),

2004

Pérez Beltrán, Angela María: Cuento y minicuento. Bogotá, Colombia, Página Maestra Editores, 1997. Contiene un estudio del género y una antología

Rodríguez Romero, Nana: Elementos para una teoría del minicuento. Tunja (Colombia), Colibrí Ediciones, 1996

Rojo, Violeta: Breve manual para reconocer minicuentos. México, UniversidadAutónoma Metropolitana

Azcapotzalco, 1997. Contiene una antología en laspáginas 135-191

Romera Castillo, José y Francisco Gutiérrez Carbajo, eds.: Sobre el microrrelato. Conjuntode ocho artículos incluidos en el volumen colectivo El cuento en la década de losnoventa. Madrid, Universidad Nacional de Educación a Distancia(UNED) / VisorLibros, Biblioteca de Filología Hispánica, vol. 54, 2001, pp. 641-742

Tomassini, Graciela & Stella Maris Colombo: Comprensión lectora y producción textual.Minificción hispanoamericana. Rosario, Argentina   Editorial Fundación Ross, 1998. Contiene una breve antología didáctica

Zavala, Lauro, coord.: Lecturas simultáneas. La enseñanza de lengua y literatura conespecial atención al cuento ultracorto. México, UAM Xochimilco, 1999. Contieneocho estudios y ensayos provenientes de Perú, Chile, Estados Unidos, México,Canadá y Brasil

----------, ed.: El dinosaurio anotado. Edición crítica de "El dinosaurio" de Augusto Monterroso. México, Alfaguara / UAM Xochimilco, 2001

----------: La minificción bajo el microscopio. Bogotá, Universidad Pedagógica Nacional de Colombia, 2005 Estudios inéditos sobre minificción

Bell, Andrea: "The cuento breve in modern Latin American literature". Stanford University. Tesis doctoral, 1991, 224 p. (sobre Venezuela, Argentina, Uruguay, Chile)

Cajero Vázquez, Antonio: "El lector en Continuidad de los parques. Un cuento de Julio Cortázar". Toluca, Universidad Autónoma del Estado de México, Tesis de Licenciatura en Letras Latinoamericanas, 1992

Del Valle Pedrosa, Concepción: "Como mínimo. Un acercamiento a la microficción hispanoamericana". Universidad Complutense de Madrid. Tesis doctoral, 1997, 528 p.

Díaz Perucho, Javier: "Microficciones. Panorama del microrrelato mexicano, siglo XX".Tesis de Maestría en Literatura Mexicana, FFyL, UNAM, 2003

Koch, Dolores M.: "El micro-relato en México: Julio Torri, Juan José Arreola y Augusto Monterroso". The City University of New York. Tesis doctoral, 1986, 232 p.

Luesakul, Pasuree: "El bestiario en Los animales prodigiosos de René Avilés Fabila". Tesis de Maestría en Estudios Latinoamericanos, Universidad de Salamanca, 2004

Pollastri, Laura: "Hacia una poética de las formas breves en la actual narrativa hispanoamericana: Julio Cortázar, Juan José Arreola y Augusto Monterroso".

Universidad Nacional del Comahue, Neuquén, Argentina, 1989, 130 p.

Quiroz Velázquez, Carmina Angélica & Verónica Vargas Esquivel: "Una propuesta para desmitificar el Génesis 3". Universidad Autónoma del Estado de México, Tesis de Licenciatura en Letras Latinoamericanas, 1994

Rojas, Seidy: "De textos muchos y lectores pocos. La metaficción en el relato hispanoamericano". Tesis de Maestría en Teoría Literaria, Universidad Autónoma Metropolitana, Iztapalapa, México, 2001

Antologías de minificción literaria

Asimov, Isaac & Groff Conklin, eds.: 50 Short Science Fiction Tales. New York, Scribner Paperback Fiction, 1997 (1963)

Asimov, Isaac; Martin Greenberg & Joseph Olander, eds.: Microcosmic Tales. 100 Wondrous Science Fiction Short-Short Stories. New York, Daw Books, 1992 (1980)

----------, eds.: 100 Malicious Little Mysteries. New York, Barnes & Noble Books, 1992 (1981)

Avilés Fabila, René, ed.: Antología del cuento breve del siglo XX en México. Sección inicial del Boletín núm. 7 de la Comunidad Latinoamericana de Escritores. México,

1970 (1-22)

Borges, Jorge Luis & Adolfo Bioy Casares, eds.: Cuentos breves y extraordinarios.

Antología. Buenos Aires, Losada, 1997 (1953) Brandenberger, Edna, ed.: Cuentos brevísimos / Spanische Kürzest- geschichten.

Munich, Deutscher Tschenbuch Verlag, 1994

Brasca, Raúl, ed.: Dos veces bueno. Cuentos brevísimos latinoamericanos. Buenos Aires, Instituto Movilizador de Fondos Cooperativos, 1996

----------, ed.: 2 veces bueno 2. Más cuentos brevísimos latinoamericanos. Buenos Aires, Instituto Movilizador de Fondos Cooperativos, 1997

----------, ed.: Dos veces bueno 3. Cuentos breves de América y España. Buenos Aires, Instituto Movilizador de Fondos Cooperativos, 2002

----------, ed.: De mil amores. Antología del microrrelato amoroso. Barcelona, Thule Editores, 2005

Brasca, Raúl & Luis Chitarroni, eds.: Antología del cuento breve y oculto. Buenos Aires, Sudamericana, 2001

----------, eds.: Textículos bestiales. Cuentos breves de animales reales o imaginarios. Buenos Aires, Instituto Movilizador de Fondos Cooperativos, 2004

Bustamante Zamudio, Guillermo & Harold Kremer, eds.: Antología del cuento corto colombiano. Colombia, Universidad del Valle, 1994

----------, eds.: Los minicuentos de Ekuóreo. Cali, Colombia, Deriva Ediciones, 2003

Círculo Cultural Faraón, ed.: Quince líneas. Relatos hiperbreves. Prólogo de Luis Landero.

Barcelona, Tusquets, Serie Andanzas, Num. 288. Barcelona, 1996

----------, ed.: Galería de hiperbreves. Barcelona, Tusquets, 2001

Delucchi, Silvia y Noemí Pendzik, eds.: En frasco chico. Antología de microrrelatos.Buenos Aires, Colihue, Serie Leer y Crear, 2004

Díaz, José, ed.: Ojos de aguja. Antología de microcuentos. Barcelona, Círculo de Lectores, 2000

Epple, Juan Armando: ed.: Brevísima relación. Nueva antología del micro- cuento hispanoamericano. Santiago de Chile, Editorial Mosquito Comunicaciones, 1999

----------, ed.: Cien microcuentos chilenos. Santiago, Editorial Cuarto Propio, 2002. Edición original: Brevísima relación del cuento breve en Chile, Santiago, Ediciones LAR, 1989)

----------, ed.: Micro-Quijotes. Barcelona, Thule Editores, 2005

Fernández Ferrer, Antonio, ed.: La mano de la hormiga. Los cuentos más breves del mundo y de las literaturas hispánicas. Alcalá, Universidad de Alcalá de Henares, Fugaz Ediciones, 1988

Fraga, Zulma et al., eds.: Relato breve. Antología, Certamen Contextos. Buenos Aires, Piso 12, 2001

García Henares, Loles; Emilia Gómez Gómez; Antonio González Morales, eds.

Mucho cuento. Narraciones breves del XIII al XX. Tilde, Valencia,

2002

Goodman, Roger B., ed.: 75 Short Masterpieces. Stories from the World's Literature. New York, Bantam Books, 1961

González, Henry, ed.: La minificción en Colombia. Antología. Bogotá, Universidad Pedagógica Nacional de Colombia, 2002

González, Joseluis, ed.: Dos veces cuento. Antología de microrrelatos. Madrid, Ediciones Internacionales Universitarias, 1998

Helguera, Luis Ignacio, ed.: Antología del poema en prosa en México. México, Fondo de Cultura Económica, 1993

Howe, Irving & Ileana Wiener Howe, eds.: Short Shorts. An Anthology of the Shortest Stories. New York, Bantam Books, 1983

Jaramillo Levi, Enrique, ed.: La minificción en Panamá. Bogotá, Universidad Pedagógica Nacional de Colombia, 2004

Jiménez Emán, Gabriel, ed.: Ficción mínima. Muestra del cuento breve en América. Caracas, Fondo Editorial Fundarte, 1996

Lagmanovich, David, ed.: La otra mirada. Antología del microrrelato hispánico. Palencia, España, Menos Cuarto, 2005

Latorre Zacarés, Víctor y Mario Máñez Aracil, eds.: Microrrelatos. Antología y taller.

Tilde, Valencia, 2001 Moss, Steve, ed.: The World's Shortest Stories. Murder. Love. Horror.

Suspense. All this and much more in the most amazing short stories ever written—each one just 55 words long! Philadelphia – London, Running Press, 1998 (1995)

---------- & John M. Daniel, eds.: The World's Shortest Stories of Love and Death. Passion. Betrayal. Suspicion. Revenge. All this and more in a new collection of amazing short stories – each one just 55 words long! Philadelphia – London, Running Press, Philadelphia, 1999

Navagómez, Queta, ed.: 100 cuentos brevísimos de Latinoamérica. México, InstitutoPolitécnico Nacional, Colección Cuadernos Politécnicos, núm. 17,

2000

Obligado, Clara, ed.: Por favor, sea breve. Antología de relatos hiperbreves. Madrid, Páginas de Espuma, 2002

Queen, Carol, ed.: Five Minute Erótica. 35 Passionate Tales of Sex and Seduction. Philadelphia / London, Running Press, 2004

Rojo, Violeta, ed.: La minificción en Venezuela. Bogotá, Universidad Pedagógica Nacional de Colombia, 2004

Shapard, Robert & James Thomas, eds.: Ficción súbita. Relatos ultracortos norteamericanos. Barcelona, Anagrama, 1989 (1986)

----------, eds.: Sudden Fiction International. 60 Short Short Stories. New York & London, W. W. Norton, 1989

Sorensen, Rosemary, ed.: Microstories. Tiny Stories. Auckland-London, Angus & Roberstson (Harper & Collins), 1993

Stern, Jerome, ed.: Micro Fiction. An Anthology of Really Short Stories. New York, W.W. Norton, 1996

Thomas, James; Denise James & Tom Hazuka, eds.: Flash Fiction. 72 Very Short Stories. New York, W. W. Norton, 1992

Torres, Alejandra, ed.: Cuentos breves latinoamericanos. Buenos Aires, Coedición Latinoamericana, 1998

Toti, Gianni, ed.: I racconti piú brevi del mondo. Roma, Edizioni Fahrenheit 451, 1995

Valadés, Edmundo, ed.: El libro de la imaginación. México, Biblioteca Joven, Fondo de

Cultura Económica, 1984 (1976). (Tiraje de 30 000 ejemplares) Weinberg, Robert; Stefan Dziemianowicz & Martin Greenberg, eds.: 100 Dastardly Little

Detective Stories. New York, Barnes & Noble, 1993, 561 p. Zahava, Irene, ed.: Word of Mouth. Short-Short Stories by 100 Women Writers, vol. 2. Freedom, California, The Crossing Press, 1990

Zavala, Lauro, ed.: Relatos vertiginosos. Antología de cuentos mínimos. México, Alfaguara, Colección Juvenil, 2000

----------: La minificción en México: 50 textos breves. Bogotá, Universidad Pedagógica Nacional de Colombia, 2002

----------: Minificción mexicana. Antologías del Siglo XX, Vol. 4. México,

Coordinación de Humanidades / Dirección de Literatura / Facultad de Filosofía y Letras (Universidad Nacional Autónoma de México), 2003

(Tomado de: La minificción bajo el microscopio, UPN. Bogotá 2005.)